Siendo el Jefe

El poder de la Subsidiariedad para que las cosas se hagan

Ian Wilders y Joan Kingsland

En Route Books and Media, LLC
Saint Louis, MO

En Route Books and Media, LLC
5705 Rhodes Avenue
St. Louis, MO 63109

Contacte con nosotros en contact@enroutebooksandmedia.com

Crédito de la portada: La entrada de las oficinas en España muestra un peón de ajedrez cuya sombra es un rey. Fue diseñado por Amandine Wilders para transmitir la idea de subsidiariedad. Sugiere que cada persona que actúa como peón en la misión de la empresa es alguien que posee el poder y la responsabilidad de un rey en su propia misión individual.

Copyright 2023 ExNarrative Ltd.

ISBN-13: 979-8-88870-109-6
Número de control de la Biblioteca del Congreso: 2023944825

Todos los derechos reservados. Ninguna parte de este libro puede ser reproducida, almacenada en un sistema de recuperación, o transmitida en cualquier forma, o por cualquier medio, electrónico, mecánico, fotocopia, o cualquier otro, sin el permiso previo por escrito del autor.

Contenido

Prólogo vii

Introducción 1
   Cómo empezó todo 2
   Descubrir el mundo 3
   Ser emprendedor 3
   Viajar por el mundo 5
   Gestionar el presupuesto 5
   Nuestra casa en las maletas 6
   Estudiar por el camino 7
   Una inspiración para la gestión 8
   De vuelta a la vida real 8
   El grupo atraviesa tiempos difíciles 9
   Consultando 9
   Convertirme en Consejero Delegado 10
   Empezar con claridad 11
   Buenas prácticas: Claridad 11
   Encontrar mi estilo de gestión 12
   Buenas prácticas: escuchar primero 13
   Aplicación de la subsidiariedad 14

Capítulo Uno: Herramientas de gestión de la subsidiariedad y el bien común 17

Subsidiariedad 17

Alinear la toma de decisiones con la autoridad 18

Cómo introducimos la subsidiariedad a nuestros nuevos empleados 19

Buenas prácticas: adoptar un enfoque pedagógico 19

Misión y autoridad 22

Definir las misiones personales 23

Buenas prácticas: asegurarse de que todo el mundo tiene clara su misión personal. 24

Buenas prácticas: ¡crear un entorno que fomente las iniciativas! 27

Alinear el poder con la misión 28

Buenas Prácticas: deshacerse de las autorizaciones (más sobre esto en el Capítulo Dos) 29

Respetar los canales adecuados en subsidiariedad 29

Buenas prácticas: mantener la nariz fuera 31

El papel de la dirección en la subsidiariedad 31

Buenas prácticas: hacer un seguimiento para asegurarse de que las personas tienen las misiones correctas y de que las responsabilidades se están cubriendo adecuadamente. 33

Reuniones individuales mensuales 34

Buenas prácticas: reuniones individuales mensuales 35

La subsidiariedad florece en un entorno de valores comunes compartidos 35

El valor de la confianza 36

Buenas prácticas: recuerda que la confianza hacia ti puede llevar tiempo 36

El valor de la autonomía 37

Buenas prácticas: fomentar la autonomía 38

El valor de la transparencia 39

Buenas prácticas: instaurar una cultura de la transparencia 40

Valores para los jefes de equipo 41

Buenas prácticas: refuerza a tu equipo haciéndolo brillar 42

El Bien Común como corolario de la subsidiariedad 42

Una vez que apareció el valor del bien común 44

Desafíos para defender el bien común 45

Buenas prácticas: transmitir el valor del bien común junto con la subsidiariedad 47

Resiliencia 47

Preguntarse "¿quién te sustituirá?" 48

Buenas prácticas: resiliencia 49

Conclusión 50

Capítulo Dos: Sistemas financieros permeables frente a subsidiariedad 51

Las finanzas empresariales tienen tres objetivos principales. 52

Primera práctica con fugas: Ejecutivos que se basan en datos cuestionables para tomar decisiones importantes 53

Segunda práctica con fugas: presupuestar para seguir siendo pertinente y gastar porque está en el presupuesto 54

Tercera práctica con fugas: instigar políticas de empresa para controlar a los empleados 57

Un sistema de gestión financiera acorde con la subsidiariedad 58

Deshacerse de las órdenes de compra firmadas 59

Hojas de cálculo sencillas 60

Dejar atrás las hojas de cálculo 63

Buenas prácticas: crear un sistema financiero que apoye la subsidiariedad 66

Elaboración de presupuestos en un marco de subsidiariedad ... 67

Buenas prácticas: asignar los fondos respetando la subsidiariedad 69

Conclusión 69

Capítulo Tres: El CEO en Subsidiariedad 71

Buenas prácticas: ¡aceptar que tener tiempo libre va con tu trabajo! 72

Lo que me corresponde como CEO 73

Buenas prácticas: difunde una mentalidad de crecimiento personal en toda tu organización 76

Asegurarse de que las cosas sucedan 76

Buenas prácticas: ¡aplicar una mentalidad de crecimiento a la organización en su conjunto! 78

Rediseñar el espacio de oficina 79

Buenas prácticas: mantener el oído atento dentro de la empresa 80

Dedicar tiempo a reunirse con los miembros del equipo 82

Algunos ejemplos de reuniones individuales 82

Buenas prácticas: dedica el tiempo necesario a las reuniones individuales con los miembros de tu equipo 86

Entender el mundo y estar alerta 86

Mantener la visión de conjunto 87
Tener en cuenta las burbujas narrativas 88
Buenas prácticas: mantener el oído fuera de la empresa 90
El juego del Go 91
Impulsar la estrategia de diversificación (un aspecto importante de la resiliencia) 93
Buenas prácticas: Determina tu estrategia clave, como la diversificación, y comunícala adecuadamente. 95
Ayudamos a contratar a las personas adecuadas 96
Mary reflexiona en silencio sobre la cuestión. 99
Buenas prácticas: en el proceso de contratación, intenta evaluar si el candidato encajaría con los valores de tu organización. 103
El capitán del barco 104
Buenas prácticas: estar atento para comunicar bien a los empleados 105
Conclusión 105

Capítulo Cuarto: Cerrar el círculo de la subsidiariedad 107
La prueba de fuego de la subsidiariedad 107
Planificar un curso de actualización sobre la subsidiariedad para toda la empresa 108
Sesión 1: ¿Qué es la subsidiariedad? 109
Parte I: Explicación de los conceptos clave 109
Subsidiariedad: 110
Parte II: La importancia de la misión 112

Sesión 2: ¿Qué esperar cuando se trabaja en grupo aplicando la subsidiariedad?... 112

Conceptos clave 113

Sesión 3: El directivo 115

Parte I: Un ejercicio de post-it virtual..................................... 115

Parte II: Lo que el directivo debe hacer y ser. 116

Quién debe ser el directivo 116

Sesión 4: La cultura de empresa para que prospere la subsidiariedad 117

Parte I: El bien común para ponerlo todo junto 117

Parte II: ¿Trabajo en grupo? 118

El resultado, el ajuste y los frutos... 119

Conclusión.. 122

Conclusión final 123

Conclusión de Joan: Educar en la subsidiariedad 123

Evaluación y revisión 125

Conclusión de Ian: merece la pena... 126

Prólogo

IAN

Durante mis primeras prácticas, mi jefe parecía cansado e infeliz. Eso se debía en parte a que trabajaba hasta tarde todas las noches. En una de esas noches, me hizo una pregunta que me ha acompañado a lo largo de los años. Me dijo que cuando empiezas en el mundo laboral, tienes que trabajar muchas horas y mostrar dedicación. Se supone que tu trabajo es lo primero. Pero luego, una vez que eres CEO, de repente se supone que tienes que tener una vida equilibrada, una familia estable y mostrar discernimiento. Se preguntaba si eso era posible.

Ahora, casi 30 años después, tras haberme convertido en Consejero Delegado, creo que he encontrado una respuesta satisfactoria a esa pregunta. Tengo tiempo para mi familia, a la que doy prioridad. Trabajo bien todos los días sin excederme. Mientras tanto, la empresa prospera y, en general, nuestros empleados están contentos. He escrito este libro especialmente para los líderes, para que puedan beneficiarse de esta experiencia. Está dirigido a todos aquellos que tienen responsabilidad sobre equipos de personas, ya sea una pequeña organización sin ánimo de lucro o una floreciente empresa multinacional.

JOAN

Conocí el innovador estilo de gestión de Ian a través de su hermana. Fascinada por su descripción, le invité como ponente a mis alumnos. Poco después se puso en contacto conmigo para pedirme consejo sobre un libro que había empezado a escribir sobre el mismo tema. Al principio sólo iba a darle algunos comentarios, pero el libro no tardó en convertirse en un proyecto común entre nosotros.

A lo largo del libro voy interviniendo regularmente para ofrecer "buenas prácticas".

Como profesor durante los últimos 30 años, he podido aportar a este libro mis conocimientos pedagógicos y mis habilidades como escritor. Intento constantemente extraer detalles de Ian que aporten ideas a nuestros lectores. Le gusta que le desafíen, y si no tiene una respuesta inmediata a una pregunta, la tendrá lista la próxima vez que nos veamos. Mi única queja es que tiende a subestimar sus logros o a no mencionarlos en absoluto. No se le ocurrió compartir conmigo que su empresa recibió el premio "Prácticas ejemplares en responsabilidad social" en diciembre de 2018, ¡señal inequívoca de que está haciendo algo bien!

Otra señal de que está en algo bueno proviene de una carta escrita a Ian por una empresa consultora en la que ofrecen una evaluación de la opinión de sus empleados sobre la empresa. Esta carta pone de manifiesto hasta qué punto sus empleados están de acuerdo con la misión y los valores de la organización.

Introducción

¿Qué tipo de experiencia y conocimientos se requieren para que una persona se convierta en CEO y luego prospere en su misión? Mi formación es empresarial, con especialización en finanzas, por lo que sé cómo funcionan las empresas, pero no soy académico, sino que me baso principalmente en mi experiencia. Algunos CEO son grandes vendedores, otros magos de las finanzas, otros son expertos en su sector. Pero, ¿cuántos son expertos en cada una de las áreas en las que tienen que influir? Me parece evidente que los CEO no necesitan ser expertos en todo; sin embargo, deben asegurarse de que las personas expertas en su área sean las que tomen las decisiones adecuadas a su misión.

Ser CEO consiste en gestionar personas. Y las personas son excepcionales. Cada uno de nosotros tiene un perfil único de experiencia, educación y talento. Todos nos hemos enfrentado a retos en nuestra vida personal, tomando decisiones y viviendo con las consecuencias, y esto nos da a cada uno una perspectiva única de la vida.

El papel de un jefe de equipo es descubrir este potencial y saber adaptarlo a la empresa. La empresa está ahí para crear valor para sus clientes, sus accionistas y la sociedad. Los empleados podrían participar como engranajes sin sentido de la máquina, pero entonces ¿no estaríamos desaprovechando todo su potencial? Creo que descubrir ese potencial, y adaptarlo a las necesidades, es la función primordial de un CEO, y la mejor manera de crear valor.

A lo largo de los años he compartido mi experiencia con otros CEO, que luchaban contra su carga de trabajo, y se preguntaban cómo yo lo sobrellevaba y estaba tan disponible. También hablé con líderes de organizaciones sin ánimo de lucro y líderes juveniles. Me invitaron a compartir mi experiencia en seminarios para jóvenes líderes prometedores y a menudo me pidieron un libro sobre mi experiencia y mis ideas. Eso es lo que me llevó a escribirlo.

A través de este libro compartiré con ustedes mi experiencia de cómo he empleado dos herramientas de gestión bastante singulares para construir la empresa en la que soy CEO. En primer lugar está la subsidiariedad y luego el bien común. Descubrirás por qué quise utilizarlas en primer lugar, los retos que tuvimos por el camino y las ventajas de utilizar herramientas tan poderosas.

También descubrirás las ventajas de estas herramientas. Para mí, como CEO, estoy disponible para quienes me necesitan y tengo la libertad de mantener una mentalidad estratégica en un mundo cambiante, al tiempo que estoy seguro de que la empresa está desarrollando todo su potencial. Puedo confiar en que los empleados se esfuerzan por crear valor para la empresa con una sobrecarga insignificante de control. Por parte de mis empleados, tienen la satisfacción de poder expresar todo su potencial y ser dueños de sus victorias. También comprenden su impacto en nuestro empeño. La nuestra es una cultura de dedicación y apropiación de una misión común que da resultados.

Cómo empezó todo

Soy el CEO de este grupo desde hace seis años. Anteriormente, había trabajado aquí durante once años y luego lo dejé sin intención de volver. Había hecho muchas cosas en la empresa, desde finanzas y administración hasta desarrollo comercial internacional. Durante ese tiempo viví en tres países distintos, vi la mayoría de las operaciones, conocía a todo el mundo y quería hacer más. Nuestro grupo tenía su propio estilo de gestión y era prudente en su desarrollo. Yo creía que necesitaba más ambición. Intenté influir en el CEO para que adoptara otro estilo y fuera más audaz. Fue una época difícil, porque veía que se podía hacer mucho. La dirección había creado una verdadera lealtad al grupo, sin embargo, había mucho talento sin expresar por falta de un canal adecuado. Hablé con el CEO y luego con la junta directiva e intenté que más directivos expresaran su frustración. Pero todo fue en vano. Finalmente escribí al CEO para explicarle detalladamente tanto las deficiencias como el potencial que podía desarrollarse. Me respondió que lo único que quería era ocupar su puesto. Fue entonces cuando me di cuenta por primera vez de que sólo se puede ayudar a un CEO en la medida en que se esté alineado con su estilo de gestión y su visión. Así que en lugar de crear tensiones en un grupo que respetaba mucho, con gente a la que apreciaba y con grandes productos, preferí marcharme para siempre. De todos modos, quería lanzar nuevos proyectos y descubrir mundo. Mientras tanto, mantuve mi puesto de asesor en el consejo de administración compuesto por cuatro socios fundadores.

Descubrir el mundo

Ser emprendedor

Cuando dejé la empresa empecé por evaluar mis ahorros para ver qué se podía hacer. Durante casi toda mi vida había querido ser empresario, crear una empresa y disfrutar de la libertad de un crecimiento ilimitado. Mi mujer, Anne, y yo habíamos estado ahorrando para comprarnos una casa algún día. Decidimos que, en vez de eso, podíamos invertir el dinero en crear una empresa.

En aquel momento, los scooters eléctricos de cuatro ruedas para personas mayores estaban de moda en el Reino Unido y Estados Unidos. Me fijé un plazo de 18 meses para determinar si sería un negocio viable ofrecerlos al mercado francés.

Como emprendedor, descubrí que tenía que hacerlo todo, desde las compras hasta las ventas, pasando por el marketing, la contabilidad, la mecánica y mucho más, incluida la logística, transportando enormes cajas dentro y fuera de mi coche. También tuve que ocuparme de los recursos humanos cuando contraté a una joven para que me ayudara con las ventas.

Tuvimos algunos éxitos agradables, como ser patrocinador oficial de una de las mayores ferias de París, donde vendimos bastantes unidades. Sin embargo, a medida que se acercaba el plazo de 18 meses que me había autoimpuesto, se hizo evidente que no tenía un negocio que pudiera mantener a mi familia. Hasta entonces no había tenido pérdidas. Por lo tanto, tuve que cerrar y buscar otras oportunidades.

En general, fue un gran entrenamiento para mi sentido de los negocios. Salí de allí con ejemplos muy prácticos y vívidos de toda la experiencia y el esfuerzo que se necesitan para embarcarse en una aventura empresarial.

En ese momento nuestros ahorros nos permitirían sobrevivir otros 15 meses, lo que significaba que había tiempo para que yo encontrara un trabajo. Fue entonces cuando me puse a pensar en un libro que Anne había leído a menudo sobre una pareja que había dado la vuelta al mundo con sus cuatro hijos. Después de calcular que vivir en París, donde nuestros hijos iban a un colegio privado bilingüe, no costaría más que dar la vuelta al mundo, compartí esta idea con mi mujer. A ella le encantó la idea. Dar la vuelta al mundo con toda la familia era un sueño que nunca creyó posible. Teníamos un nuevo proyecto que también influiría profundamente en nuestra visión del mundo.

Introducción

Viajar por el mundo

Primero preguntamos a nuestros hijos de 14, 12, 10 y 7 años si estarían dispuestos a ir. Si alguno de los tres mayores se hubiera opuesto, no habríamos ido. Se lo pensaron y aceptaron con la condición de no perder el año escolar para poder seguir el ritmo de sus amigos a la vuelta. Nos pareció bien.

Como dejábamos de alquilar mientras estábamos fuera, empezamos a regalar lo que no necesitábamos y encontramos una solución de almacenamiento para lo que queríamos guardar.

Anne repasó los programas académicos del año siguiente de nuestros cuatro hijos y almacenó todo el material que necesitaríamos para cada asignatura, desde matemáticas, física, historia, francés, español, inglés y latín. Lo guardó todo en un USB de confianza (haciendo una copia, por supuesto).

Teníamos tres meses para arreglarlo todo, devolver el piso y marcharnos. Nos fuimos el 15 de julio de 2008 y volvimos el 14 de julio de 2009. Ofrecer los detalles de este maravilloso viaje daría para otro libro, pero me gustaría compartir algunas ideas sobre la organización.

Gestionar el presupuesto

Una vez comprados los billetes de avión, teníamos un presupuesto de 130 euros de media al día. Viajaríamos por unos 10 países: para cada uno de ellos hice un ajuste según el nivel de vida y fijé el presupuesto diario para ese país.

Teníamos un pequeño cuaderno para contabilizar todos nuestros gastos y calcular el superávit o el gasto excesivo del día. Eso nos permitiría saber de cuánto disponíamos para el día siguiente y poder continuar nuestro viaje dentro de nuestro limitado presupuesto hasta el final de nuestra aventura.

Desde el principio confiamos esta tarea a uno de los niños, que se encargó de la contabilidad durante todo el tiempo que estuvimos en un país. Luego, uno de los hermanos tomaba el relevo en el siguiente país.

Era maravilloso ver cómo se tomaban en serio su responsabilidad. Cada vez que pagábamos algo, se aseguraban de llevar la cuenta, ya fuera el alquiler de una habitación, la compra de comida o el pago del billete de autobús. Incluso cuando me tomaba una cerveza, preguntaban por el precio y lo anotaban debidamente.

También tomaban la iniciativa de proponer ahorros para que pudiéramos gastar más en otros sitios. Por ejemplo, cuando estuvimos en Australia, queríamos visitar la Gran Barrera de Coral. Supondría una gran carga para nuestro presupuesto, pero si pudiéramos dormir en nuestro coche de alquiler, visitar la Gran Barrera de Coral sería posible.

Ver cómo los niños se beneficiaban de este ejercicio me aportaría más tarde verdaderas ideas para mi vida profesional.

Nuestra casa en las maletas

Habíamos decidido desde el principio que viajaríamos en avión, autobús, coche o lo que pudiéramos. Esto significaba que cada uno de nosotros tenía que ser capaz de llevar todo lo necesario en un par de maletas. Anne tiene grandes dotes organizativas, y sugirió los artículos que necesitaríamos, como zapatos, sacos de dormir, pantalones y las pocas cosas prácticas que utilizaríamos para sobrevivir. Cada uno de nosotros era responsable de su propia bolsa. Cada uno tenía que organizarse como mejor le pareciera, incluso deshacer la maleta cuando nos quedábamos a dormir en algún sitio y asegurarnos de que lo teníamos todo cuando nos íbamos.

Pronto, todos nos convertimos en expertos a nuestra manera. Nuestra hija menor tenía una responsabilidad muy especial. Cada vez que nos íbamos de un sitio, ya fuera un albergue juvenil, un piso alquilado o la habitación de unos amigos, ella iba de un lado a otro, se metía debajo de las camas, abría los armarios, exploraba el cuarto de baño y comprobaba que nadie se hubiera dejado nada. A veces volvía con un cepillo de dientes o ropa interior que se nos había escapado. Así teníamos responsabilidad y control de calidad. Para mí esto supondría otra gran experiencia en el ámbito profesional.

Estudiar por el camino

Como nuestro viaje empezó en Sudáfrica durante nuestras vacaciones de verano, esperamos hasta septiembre para empezar a estudiar en casa. Para entonces ya estábamos en Hong Kong y había encontrado los ordenadores portátiles que necesitábamos. Eran muy ligeros y baratos, por lo que uno para cada niño se ajustaba a nuestro presupuesto. Nuestros hijos tenían ahora la responsabilidad de cuidar de sus ordenadores.

Habíamos decidido que los más pequeños tendrían que estudiar dos horas al día, mientras que el mayor tendría que dedicarles tres. Estudiarían en moteles, autobuses o donde fuera posible. Los domingos siempre serían libres. Anne y yo nos repartimos las asignaturas. Yo me ocuparía de las ciencias y Anne de las demás asignaturas, es decir, de las tres lenguas modernas más el latín. Resultó que bastaba con indicarles el camino a seguir para que nuestros hijos hicieran su trabajo a toda velocidad, deteniéndose sólo en los puntos más difíciles. Cuando teníamos internet, encontraban las soluciones en la red y seguían adelante. Era fascinante ver cómo cada uno avanzaba a su ritmo. La más joven era la que necesitaba más atención, ya que no se sentía tan cómoda leyendo. Mi mujer y yo también teníamos nuestros propios estilos a la hora de ayudar a los niños. Toda esta flexibilidad y creatividad seguiría inspirándome muchos años después.

Una inspiración para la gestión

Con el paso del tiempo, todos recordamos esta aventura familiar como una época especial en la que llegamos a conocernos mejor, a confiar los unos en los otros y a construir una historia familiar. Hoy en día, todos nuestros hijos han continuado sus estudios superiores y han ido a universidades del Reino Unido, Suiza y los Países Bajos. Como estudiantes, todos ellos gestionaron sus presupuestos con las habilidades que practicaron mientras viajaban y siguen haciéndolo en su vida profesional. Se beneficiaron enormemente de la experiencia que adquirieron en la búsqueda de la información que necesitaban para complementar su aprendizaje. Fui testigo directo de cómo la responsabilidad dada dentro de un marco sólido tenía efectos duraderos en muchos ámbitos. Esta fue una fuerte influencia en mi futuro estilo de gestión, que exploraremos en este libro.

De vuelta a la vida real

Cuando terminamos nuestro viaje por el mundo, necesitaba encontrar un trabajo porque se nos estaban acabando los ahorros.

Saltando unos años hacia adelante, en 2012 tenía una empresa de consultoría que trabajaba con startups que tenían dificultades financieras. Fue entonces cuando volví a asesorar a la empresa que había dejado hacía tantos años.

Introducción

El grupo atraviesa tiempos difíciles

En 2012, el grupo atravesaba grandes dificultades a causa de la crisis financiera de 2008 y 2009. Las ventas en España, que representaban el 15% de nuestro volumen de negocios, se realizaban únicamente a través de un distribuidor. Ese distribuidor no sólo quebró, sino que, en un intento desesperado por salvar su negocio, encontró la manera de reclamar los últimos seis meses de ventas que ya habíamos recibido. Básicamente, vaciaron nuestra cuenta bancaria.

Nuestra empresa entró en una profunda crisis: estaba endeudada y no podía pagar a sus empleados.

La directora financiera, junto con el CEO, hizo un trabajo extraordinario reestructurando la deuda y negociando nuevos créditos con nuestros bancos. Al mismo tiempo, el CEO preguntó a los empleados, de forma voluntaria, si aceptarían recortes salariales para salvar puestos de trabajo. La gran mayoría aceptó. Esto demostró no sólo su solidaridad con sus compañeros de trabajo, sino también cómo había crecido su respeto por la dirección a lo largo de los años.

Consultando

Me habían consultado sobre la crisis que padecía el grupo por mi cargo en el consejo. Resultó que uno de los accionistas iniciales estaba dispuesto a conceder un préstamo a corto plazo, pero muy sabiamente, y de forma bastante comprensible, había puesto algunas condiciones. Sólo prestaría el dinero si creíamos que había buenas posibilidades de éxito. Dijo que si habíamos llegado al final de la aventura sería mejor no tirar el dinero bueno tras el malo. Estaba dispuesto a prestar ayuda sólo si había posibilidades reales de éxito, de lo contrario prefería perder su inversión inicial.

Me ofrecí a hacer una auditoría de la situación. Eso me dio la oportunidad de volver a ver a mis antiguos colegas y de redescubrir el día a día de la empresa. Entrevisté a médicos, investigadores, especialistas en comunicación, farmacéuticos y todos los expertos que forman parte de nuestra empresa.

Rápidamente me di cuenta de que había un enorme potencial esperando a ser expresado. Descubrí que mis antiguos colegas estaban orgullosos de la empresa en la que trabajaban, pero a veces frustrados por la falta de oportunidades para canalizar iniciativas personales que pudieran ayudar a salvar la empresa. Durante los dos meses siguientes a la situación financiera desesperada, exploramos qué se podía hacer con el equipo directivo.

Convertirme en Consejero Delegado

Presenté las conclusiones y las recomendaciones en la siguiente reunión del consejo de administración. El análisis les intrigó. Como el actual CEO acababa de alcanzar la edad legal de jubilación, el consejo me preguntó si estaría dispuesto a asumir la dirección general del grupo y aplicar la solución que había recomendado. Argumentaron que conocía bien la empresa, conocía la filosofía fundamental de los fundadores y que yo sería su mejor opción para llevar a cabo el plan propuesto. Acepté y, sobre la base del plan, conseguimos el préstamo.

Así fue como acabé volviendo a la empresa que creía haber dejado para siempre. En julio de 2013 el grupo contaba con 80 empleados en España, Bélgica, Francia e Italia. El actual CEO iba a jubilarse a finales de diciembre, así que tuve seis meses para volver a conocer la empresa, transferir autoridad y empezar a aplicar nuestra reestructuración, antes de asumir el cargo de CEO del grupo el 1 de enero de 2014.

Empezar con claridad

Mi primer paso fue definir un organigrama claro. Hasta entonces, siempre había cierta incertidumbre sobre quién hacía qué.

Cuando vieron los cambios que se iban a producir, y cómo esto ponía en entredicho su forma de trabajar y sus áreas de influencia no oficiales, algunas personas prefirieron dimitir y buscar una nueva aventura. Desafortunadamente, también tuve que poner fin a algunos puestos que no eran relevantes en una empresa en dificultades. Fue duro ver marchar a la gente. En total, se fueron siete personas, casi el 10% de nuestra plantilla. Se mantuvieron los salarios reducidos que los empleados habían aceptado durante el año anterior.

Gracias al préstamo, pudimos cumplir nuestros compromisos financieros y concentrarnos en nuestro negocio.

Buenas prácticas: Claridad

Desde el principio, Ian se esforzó por detallar los puestos de autoridad, así como la función específica de cada persona en la empresa. Su organigrama incluye a todas las personas. Es un formato conciso y objetivo que permite un entendimiento claro y común en toda la empresa.

Así que para poner las cosas en marcha en tu organización, establece:

- *Quién tiene la autoridad.*
- *El papel específico de cada persona en tu organización.*
- *Un organigrama claro.*

Encontrar mi estilo de gestión

El actual CEO y yo teníamos estilos diferentes. Él consideraba que su responsabilidad consistía en ayudar, orientar y tomar decisiones. Por lo tanto, estaba presente en la mayoría de las reuniones, ya fueran de producción, investigación, desarrollo empresarial u otras. Por otro lado, yo no me sentía cómodo estando en todas las reuniones, ya que no era un experto en los temas que se trataban. Por sugerencia del CEO, acabé asistiendo a algunas reuniones, pero sólo estaba allí para escuchar y entender. No consideraba que fuera mi responsabilidad tomar decisiones.

En el mes de noviembre de 2013, como parte de mis preparativos para asumir mi nuevo cargo en la empresa, organicé una reunión fuera de la empresa con mi equipo de gestión directa.

Los seis fuimos a París, con un consultor que conocía, para explorar la subsidiariedad, una técnica de gestión que había descubierto a lo largo de los años. Tenía la intuición de que esta herramienta, bien aplicada a una empresa, podía dar resultados. Confiaba en que un principio de organización que había superado la prueba del tiempo podría ser resistente y eficiente y más fiable que las nuevas modas de gestión que van y vienen.

Les pregunté: "Como CEO, ¿qué quieren que haga en la empresa?". El anterior CEO, que tenía mucha experiencia, había estado cerca de la acción, estaba ahí para todos, sabía lo que hacía cada persona de sus equipos, les animaba y hablaba con ellos de sus retos y éxitos. Les pregunté si eso era lo que esperaban de mí. En cambio, me sugirieron educada, pero firmemente, que les dejara hacer su trabajo y no me entrometiera en sus equipos. Comprendí que querían que me mantuviera al margen de su trabajo cotidiano. Les parecía bien que estuviera presente para ellos, pero no para sus equipos.

El consultor me explicó lo que esta petición significaba para mí: preguntar a los empleados por su trabajo transmite implícitamente un mensaje contradictorio sobre quién está al mando. Transmite la idea de que el CEO puede imponerse a cualquier decisión y que el directivo no es realmente necesario. Aprecié la sensatez de la petición y me sentí aliviado. De todos modos, no era mi estilo y me habría llevado mucho tiempo y habría sido muy agotador estar siempre presente para todo el mundo. Y lo que es más importante, demostró que mi equipo directivo estaba dispuesto a explorar y adoptar la subsidiariedad.

Buenas prácticas: escuchar primero

Observa cómo, al principio, Ian organizó una sesión de aportaciones con su equipo directivo en la que estaba allí para escuchar. Dedicó tiempo y dinero a la ocasión. La elección del lugar de la reunión contribuyó a darle importancia y a centrarla. Sin duda, la presencia de un consultor externo fue importante para establecer una atmósfera en la que los miembros del equipo se sintieran animados a ser sinceros. El hecho de que Ian respetara las peticiones de su equipo de no intervenir transmitió el mensaje de que sus aportaciones eran valiosas. Sin duda, este encuentro contribuyó a crear una relación de confianza y respeto entre él y los miembros de su equipo principal.

Así que para poner las cosas en marcha en tu organización

- *Encuentra a tus aliados dentro de tu organización*
- *Dedica tiempo a trabajar en la organización.*
- *Organiza un entorno adecuado en el que la gente sienta que sus puntos de vista son bienvenidos.*
- *Fomenta la participación y la retroalimentación de tu equipo cercano.*

Aplicación de la subsidiariedad

Pusimos en práctica la subsidiariedad a finales de 2013. Si estás leyendo este libro, tú y yo tenemos algo en común. Ambos tenemos proyectos que queremos desarrollar. Y para ello tenemos que organizar equipos de personas. La pregunta es: ¿cuál es la mejor organización para ti? En mi opinión, se consigue más siendo muchos que estando solos. Así se consiguen cosas a mayor escala.

Yo tenía un equipo de 73 personas, cada una con un talento y una experiencia específicos. Estaban repartidos por cuatro países diferentes y conocían el negocio mejor que yo. Mi ambición era aprovechar todo su potencial.

Si has estudiado estilos de gestión, o si buscas en Internet, sabrás que hay muchas formas de organizar a un grupo de personas. Desde la autocrática a la democrática, pasando por todos los matices de implicación. Hoy en día, abundan las nuevas tendencias de gestión. A lo largo de los años, hemos oído hablar del empoderamiento y otras ideas que suenan muy prometedoras. Pero cuando se ponen en práctica, las mejores ideas tienen sus defectos y algunas pueden ser fatales. Llegamos a situaciones absurdas cuando el vocabulario de lo que hacemos cambia cada pocos años sólo para cumplir con lo que está de moda.

Me interesaba un estilo de gestión probado por el tiempo. La subsidiariedad cumplía ese requisito, puesto que ya existe desde hace casi 2.400 años. Era más bien un planteamiento político, pero podía adaptarse a cualquier organización humana, no sólo a la de la ciudad. Ahí es donde entra este libro. Me gustaría que experimentaras cómo la subsidiariedad puede hacer maravillas dentro de una empresa o de un grupo de personas que comparten un objetivo común.

En primer lugar, voy a explicar en qué consiste la subsidiariedad. Luego veremos cómo se concreta en la práctica. A continuación, consideraremos las implicaciones específicas para el papel del CEO en una empresa que utiliza la herramienta de gestión de la subsidiariedad. Por último, aplicaremos el concepto pedagógico de "cerrar el círculo" para completar la aplicación de la subsidiariedad en una empresa. "Cerrar el círculo" significa volver atrás para asegurarse de que todos los empleados trabajan a partir de un entendimiento y una aceptación comunes de una práctica determinada, en este caso una que se ha convertido en fundacional.

Capítulo Uno

Herramientas de gestión de la subsidiariedad y el bien común

Subsidiariedad

Ya de niño intuía el valor de la subsidiariedad, aunque nunca oí mencionar la palabra. En la peluquería, por ejemplo, lo lógico para mí habría sido dejar que el peluquero me cortara el pelo como mejor le pareciera. Pero en lugar de eso, me exigían que dijera lo que quería mientras mi madre daba su opinión. Resultado: el mismo corte de pelo año tras año. Me parecía un desperdicio de talento por parte del peluquero. Siempre me preguntaba, si realmente me conocía y qué podría haber hecho si le hubiera dado libertad de acción.

Luego estaba mi reacción alérgica interna a la insistencia de mi amigo en que opinara sobre todo tipo de asuntos. Si no conocía suficientemente el tema, no veía ninguna utilidad en dar mi opinión.

Tampoco me gustaba que me dijeran lo que tenía que hacer. No importaba que estuviera a punto de hacer una tarea: si mi madre me pedía que la hiciera, entonces mis piernas se convertían en serrín. A día de hoy, me sigue gustando ser dueño de mis decisiones e iniciativas. Hasta aquí una muestra de lo que me llevó a utilizar la subsidiariedad como herramienta de gestión.

No recuerdo cuándo apareció en mi horizonte la palabra subsidiariedad. Quizá fue a través de un artículo o una charla. Sin embargo, una vez que eres consciente de ella, parece que aparece a menudo.

Alinear la toma de decisiones con la autoridad

Me llaman la atención dos aspectos de la subsidiariedad:

El primero es que la subsidiariedad sitúa la toma de decisiones y la autoridad en primera línea.

El segundo es que, como la subsidiariedad ya existe desde hace cientos de años en los ámbitos político y social, tiene algo bueno que ofrecer. La subsidiariedad ya fue teorizada por el filósofo griego Aristóteles hace casi 2.400 años y desarrollada por el gran pensador del siglo XIII, Tomás de Aquino. Sus ideas influyeron en una de las organizaciones internacionales más antiguas del mundo, la Iglesia Católica. La subsidiariedad se convirtió en un elemento central de la Doctrina Social de la Iglesia.

En algún momento, llegué a la conclusión de que si a lo largo de los siglos la subsidiariedad fue tan crucial para la organización política, bien podría ser una poderosa herramienta en el ámbito empresarial. Ciertamente, para una empresa con dificultades y escasez de liquidez, la subsidiariedad era también una solución práctica y barata.

En 2013, le pregunté a Jack, consultor y asesor de confianza de nuestra empresa, si estaría dispuesto a afrontar el reto de ayudarnos a explorar la posibilidad de implantar la subsidiariedad en nuestra organización.

Resultó que Jack no sólo tenía una sólida formación empresarial y formativa, sino que, al estar bien versado en el pensamiento griego y medieval, también conocía el principio de subsidiariedad. Así que pudo orientarnos sobre las implicaciones de ejercer la subsidiariedad dentro de una empresa, y se mostró encantado de encontrar a alguien dispuesto a explorar y aplicar este método a nivel directivo. Jack nos advirtió que esto redefiniría el concepto de autoridad y mi propio papel como CEO. No sería anarquía ni democracia, sino otra cosa. Ambos sabíamos que esta aventura tendría un profundo impacto en la empresa.

Cómo introducimos la subsidiariedad a nuestros nuevos empleados

Presentar la subsidiariedad a los nuevos empleados es un proceso divertido, pero difícil. Intentamos ayudarles a verla desde su perspectiva histórica y su aplicación política antes de presentarles cómo es en un entorno profesional.

Buenas prácticas: adoptar un enfoque pedagógico

De forma muy natural, Ian adopta el papel de profesor. Uno de sus movimientos pedagógicos es preparar el terreno para que se produzca el aprendizaje. En lugar de pasar directamente a la acción, invierte tiempo en introducir el concepto. Ian parte de lo que ya saben antes de pasar a la subsidiariedad en el lugar de trabajo. Otro movimiento pedagógico es seguir el orden natural del aprendizaje: necesitas entender algo antes de poder empezar a relacionarlo con otras ideas. La capacidad de poner en práctica un concepto viene después. El enfoque pedagógico es importante en este caso porque los empleados necesitan estar convencidos, tanto en sus mentes como en sus corazones, del valor de la subsidiariedad si quieren emplearla bien.
    Así que en tu organización

- Asegúrate de enseñar el enfoque a todos los miembros de tu organización.
- Asegúrate de que lo asumen.

Empezamos con un "Érase una vez": las decisiones y responsabilidades últimas estaban en manos de la unidad más pequeña de la sociedad, que para los antiguos griegos era la familia. Cuando un hombre y una mujer se casaban, tenían poder sobre su propio destino y el de sus hijos. Los padres decidían si sus hijos trabajarían o recibirían educación. Ninguna autoridad podía imponer su voluntad desde el exterior.

Eso no significaba que los padres estuvieran solos. De hecho, necesitaban contar con otros para satisfacer sus necesidades. Por ejemplo, eran libres de confiar la responsabilidad de educar a sus hijos a alguna persona o escuela externa. Los padres tenían la responsabilidad en primer lugar, podían por tanto confiar su poder para llevarla a cabo.

La escuela, por voluntad de los padres, estaría dotada del poder y la responsabilidad de educar, lo que significa que la escuela podría tomar las decisiones necesarias para cumplir su finalidad educativa.

Por su parte, la escuela podría haberse sentido capaz de educar a los niños, excepto en el ámbito de la elaboración de un plan de estudios. Por lo tanto, sin abandonar su misión de educar a los niños, podría confiar parte de sus responsabilidades a otro nivel que desarrollará el plan de estudios por ellos. Cuando muchas escuelas confían su responsabilidad al mismo grupo, crean una academia regional. Vemos aquí cómo el mandato viene de los padres y se confía a lo largo de toda la sociedad hasta donde hay más competencia.

Otro ejemplo de subsidiariedad en la sociedad es la seguridad. Una familia puede sentirse relativamente segura en su casa y en su barrio. Pueden cerrar sus puertas y mantener una relación pacífica con sus vecinos. Sin embargo, un grupo de propietarios puede sentirse insuficientemente preparado para hacer frente a peligros procedentes de fuera del barrio. Uniéndose, pueden confiar su responsabilidad en materia de seguridad a una organización específica que vela por la seguridad del barrio. A su vez, esta policía local puede sentirse segura de su capacidad para defender la zona, pero si una amenaza mayor viniera de una región vecina, saben que se verían desbordados. Así que pueden delegar parte de su responsabilidad en una organización regional que podría organizar una especie de ejército.

Ahora bien, este ejército puede estar bien entrenado, disponer de los recursos y habilidades adecuados para establecer una buena defensa, pero sin embargo ser incapaz de hacer frente a una amenaza demasiado grande procedente de una nación vecina. Por tanto, los ejércitos regionales pueden delegar parte de su responsabilidad y poder a nivel nacional.

La idea de subsidiariedad es que el poder y la decisión empiezan en el nivel básico de la familia, pero pueden expandirse por toda la sociedad. El poder no se origina en la cabeza de un Estado y luego desciende hasta los miembros individuales. Procede de la base, y el poder y la responsabilidad se confían a otros niveles de la sociedad en función de las necesidades.

Tras hablar de la subsidiariedad en relación con la familia y la sociedad, donde las unidades más pequeñas tienen todo el poder y la responsabilidad, abordamos el reto de adaptar esta noción a una organización empresarial.

En primer lugar, establecemos la analogía de que la persona, cada empleado, es similar a la familia en el marco de la sociedad anterior y, por tanto, es fundamental para la organización. Los que mejor entienden lo que está en juego en una situación determinada, los que más tienen en juego, son los que deben tener el poder y la responsabilidad de hacer que las cosas sucedan.

Misión y autoridad

Hagamos una pausa aquí para abordar la pregunta que surge inmediatamente: "el poder y la responsabilidad de hacer que las cosas ocurran". En el caso de la subsidiariedad política, una familia toma decisiones de acuerdo con sus sueños y aspiraciones; pero en el caso de un entorno empresarial, una empresa tiene un propósito específico. Por lo tanto, vimos la necesidad de una alineación, para asegurarnos de que los sueños y aspiraciones de cada persona contribuyeran a la finalidad de la empresa o, como decimos nosotros, a su misión. Cada persona de la empresa tiene una misión. Junto con las misiones de todos los demás, contribuyen a lograr la misión global de la empresa.

Para la empresa en su conjunto, cada empleado debería ser capaz de reconocer su propósito a través de una sencilla declaración de misión que pueda recitar de memoria. Tenemos cohesión cuando todos estamos de acuerdo en lo que hacemos y por qué.

En el caso de mi empresa, por ejemplo, nuestra misión es poner la inmunoterapia al alcance de todos los profesionales de la salud para el bien sostenible de sus pacientes.

El POR QUÉ es el bien sostenible de los pacientes. Eso es lo que nos motiva.

¿Y QUÉ hacemos? Ponemos la inmunoterapia a disposición de todos los profesionales de la salud.

Una buena misión parece sencilla, casi demasiado obvia. La nuestra tardó un tiempo en definirse satisfactoriamente. Durante mucho tiempo no supimos si trabajábamos para los pacientes o para los profesionales sanitarios. Considerábamos a los profesionales de la salud como un medio para llegar a los pacientes; pero sentíamos que algo no iba del todo bien.

A través de nuestra actual misión, logramos satisfacción al pensar que el bien sostenible de los pacientes debe ser el objetivo final, la razón de nuestra acción y los profesionales de la salud nuestros socios, en los que los pacientes podían confiar. Lo que realmente necesitan los pacientes son grandes profesionales que les entiendan, les conozcan e ideen las mejores soluciones para cada uno. Simplemente aclarando nuestra misión, descubrimos que todos en la empresa podían alinear sus esfuerzos.

En la subsidiariedad, el poder de una misión de este tipo puede proporcionar la estructura fundacional para toda la organización.

Definir las misiones personales

Una vez que la misión de la empresa está clara, las personas que la componen pueden definir su propia misión específica. La misión de una persona le permite conocer su área de libertad dentro de la organización y cómo contribuye a cumplir la misión de la empresa.

Una misión tiene tres características.

1. Es corta, para que se pueda memorizar fácilmente palabra por palabra.
2. Explica POR QUÉ el propósito es necesario e importante.
3. Es un acuerdo sobre QUÉ se va a hacer. ... y no hay un CÓMO

La misión personal es un acuerdo entre la persona y la empresa que establece POR QUÉ la persona está ahí y la importancia de su colaboración. Es un acuerdo de QUÉ se hará para conseguir el POR QUÉ.

Por ejemplo, la misión de Lucas (todos los nombres son ficticios para proteger la identidad de los empleados), el jefe de producción, es asegurarse de que siempre tengamos los medicamentos en cantidad y calidad para responder a la demanda en cualquier momento.

El POR QUÉ es responder a la demanda en todo momento.

El QUÉ es asegurarnos de que tenemos lo que necesitamos para cumplir el POR QUÉ.

Se trata de una misión muy amplia adaptada a la personalidad del jefe de producción. Es responsable de estimar cuál será la demanda y de proporcionar la resiliencia necesaria para que los imprevistos no le impidan alcanzar esta disponibilidad constante.

El enunciado de su misión no implica objetivos de producción mensurables, ya que no hay cantidades predefinidas que producir. Vivimos tiempos cambiantes. Tomemos como ejemplo la crisis del coronavirus. Al principio, la demanda se disparó porque los pacientes se preparaban para el encierro; luego disminuyó porque se animó a la gente a quedarse en casa y alejarse de todos los comercios, farmacias incluidas. Lucas sabe que su misión le otorga pleno poder y responsabilidad para tomar las medidas necesarias, siempre que trabaje dentro de las limitaciones de sus recursos.

Buenas prácticas: asegurarse de que todo el mundo tiene clara su misión personal

La base de la subsidiariedad es la misión. Una misión sencilla y clara explica lo que se hace y por qué se hace. La misión se acuerda entre la persona y su jefe. Hay un compromiso por ambas partes.

Así que en tu organización

- *Define una misión para tu organización en términos lo suficientemente sencillos como para que todo el mundo la conozca y la memorice.*
- *Asegúrate de que cada persona conoce y hace suya su propia misión, que debe estar alineada con la misión de la organización. Cada persona, junto con su jefe directo, debe participar en la definición de la misión.*

Una vez acordada la misión, la persona tiene plena responsabilidad y poder para lograrla. Su jefe ya no tendrá la responsabilidad de esa misión.

Responsabilidad es una palabra fuerte. Cuando algo sale bien, es gracias a una persona en particular, y cuando algo sale mal, sabemos quién puede aprender de ello. Ante todo, responsabilidad significa que cualquier estrategia, cualquier medio que se utilicen, deben ser decididos y adaptados a la realidad por el responsable de la misión.

Evidentemente, nadie puede tener exactamente la misma responsabilidad. Hay un espacio de libertad, de autonomía, en el que cada persona sabe que es libre de hacer lo necesario para que las cosas realmente sucedan.

En una empresa se crea un valor importante precisamente cuando las personas toman las iniciativas adecuadas en el momento oportuno. Al estar cerca de la situación pueden analizar las circunstancias en cada momento, saber qué hacer, tener el poder de tomar las medidas necesarias y hacerlo.

Por ejemplo, la misión de Matthew, nuestro jefe de mantenimiento, incluye la responsabilidad de garantizar la seguridad de los espacios de producción y oficinas. Es consciente de las idas y venidas habituales de gente a nuestras instalaciones, así como del riesgo relativo de nuestro vecindario. Aunque Matthew tiene la ambición de llegar lo más lejos posible, también es consciente de los limitados recursos de que dispone para cumplir su misión. Había estado buscando opciones de seguridad y encontró la solución perfecta a buen precio durante el verano, cuando yo estaba de vacaciones; pero eso no le frenó, ya que sabía que tenía poder para negociar, comprar e instalar el sistema. Cada paso era claramente responsabilidad suya.

¡Qué satisfacción para mí ser testigo de la libertad que tienen nuestros empleados para aprovechar las buenas oportunidades y actuar! Cuando volví de vacaciones, teníamos un nuevo sistema de alarma funcional. Matthew se aseguró de que yo tuviera todas las autorizaciones y códigos de acceso necesarios.

No necesitaba estar allí para hacer que las cosas sucedieran: Matthew conocía su misión y la hizo realidad.

Otro ejemplo es la zona de producción. Sólo voy allí de vez en cuando con invitados VIP, porque es una zona restringida que requiere elaborados procedimientos de vestimenta y preparación. Cada vez que voy, me alegro de descubrir nuevas máquinas e infraestructuras. Todas las decisiones las toman las personas adecuadas, no yo. No firmo órdenes de compra ni autorizo proyectos. Gracias a la misión de nuestra directora financiera, tengo la seguridad de que todo se mantiene dentro de nuestros recursos disponibles y de que lo que hay que hacer se hace sin demora.

Luego está Fiona. Antes de que yo me convirtiera en CEO, ella era la jefa de lo que se llamaba el departamento de marketing. Tenía una visión de lo que había que hacer y de cómo hacerlo; pero, por desgracia, se limitaban a decirle lo que tenía que hacer. Aunque había propuesto una forma mejor, cumplía órdenes y no estaba satisfecha con el impacto de lo que hacía con su equipo. No es de extrañar que todo su equipo se sintiera frustrado. Cuando analicé la empresa antes de volver, me dijo que, aunque tenía el título, ni siquiera creía que la empresa tuviera un departamento de marketing.

Cuando se reorganizó la organización en aras de la subsidiariedad, Fiona pasó a dirigir el nuevo departamento de comunicación. Su misión era asegurarse de que nuestro ecosistema entendiera lo que hacíamos, para que los profesionales de la salud pudieran integrar nuestra terapia en su práctica diaria.

De repente, Fiona tenía alas. Aunque sabía que era una gran profesional, no era consciente de todo su potencial. Hoy, al cabo de unos años, ha conseguido situarnos en la mente y el corazón de miles de médicos de Europa y ha dado ocasión a que muchas autoridades y funcionarios comprendan nuestra importancia en el ecosistema de la salud. Quitarse de en medio, dejarla expresar su potencial, fue el mejor camino hacia el éxito.

Un último ejemplo por ahora es el del Dr. George, a quien conocí cuando aún estaba en la fase de análisis previa a la subsidiariedad. En aquel momento, el Dr. George no hacía gran cosa y, desde luego, no tomaba ninguna iniciativa en la empresa. Me pregunté por qué. Resultó que cuando había empezado a trabajar para nosotros, unos años atrás, tuvo varias iniciativas, entre ellas una forma muy ambiciosa de mostrar cómo funcionaba nuestra terapia. Invitó a personas de su red de amigos y contactos profesionales a participar en este proyecto y estaban dispuestas a hacerlo sin cobrar, porque les interesaba el entusiasmo de su amigo y la novedad de la terapia. Querían ayudar. Una vez que el Dr. George lo tuvo todo listo, informó a la dirección, sin sospechar en ningún momento que vetarían el proyecto. De un plumazo, el Dr. George perdió la credibilidad ante su red y se amargó y desilusionó. Al menos así recordaba él el episodio. No cabe duda de que la dirección tenía buenas razones para actuar; sin embargo, la falta de claridad sobre quién podía tomar las decisiones privó a la empresa de iniciativas y nuevas ideas.

Buenas prácticas: ¡crear un entorno que fomente las iniciativas!

Las iniciativas son muy frágiles. Como una llama vacilante, pueden apagarse fácilmente. En cambio, si a una buena iniciativa se le da la oportunidad de crecer, puede multiplicarse exponencialmente y cambiar el mundo.
    Así que en tu organización:

- *Ayuda a tus empleados a conectar los puntos una vez que tengan clara su misión: no sólo son libres, sino que se espera de ellos que propongan iniciativas para responder a las necesi-*

dades y oportunidades que surjan dentro de su área de responsabilidad.
- *Asegúrate de que los éxitos se vinculan a quienes toman las iniciativas.*

Alinear el poder con la misión

El poder es la capacidad de tomar decisiones y llevarlas a cabo, incluso si son cuestionadas. El poder implica la capacidad de pagar por las cosas. Si se pueden tomar decisiones, pero hay que autorizar los pagos, volvemos al principio. Todos sabemos que el que paga es el que manda.

La claridad en el ámbito de la responsabilidad es una herramienta poderosa para liberar el potencial y permitir que florezcan las iniciativas. De hecho, la verdadera responsabilidad debe ir acompañada de poder. La confusión reina cuando se dice a la gente que tiene la responsabilidad, pero que todas las decisiones deben ser validadas por la dirección. O bien la dirección se limita a aprobar las decisiones, o bien decide si se aceptan o no las ideas. En este último caso, la responsabilidad es de la dirección y no de la persona. Por tanto, las empresas que siguen el principio de subsidiariedad deben evitar la necesidad de dar autorizaciones.

Las personas tienen una responsabilidad específica como jefes de equipo. Deben tener libertad para organizar su equipo como mejor les parezca y definir con cada miembro del equipo su misión individual. A su vez, cada miembro del equipo tendrá su propia área de responsabilidad y poder. La idea es poner el poder en sus propias manos, para que puedan expresar su potencial.

Buenas Prácticas: deshacerse de las autorizaciones *(más sobre esto en el Capítulo Dos)*

En el próximo capítulo veremos cómo la transparencia en la empresa contribuirá a que los empleados tomen buenas decisiones sobre el uso que hacen de los recursos que se les confían. Lo que queremos decir aquí es que tener poder para tomar decisiones de compra es una consecuencia natural de la subsidiariedad. Va con la misión específica de una persona.

Así pues, en tu organización

- *Asigna importes de gasto anuales a cada jefe de departamento y pídeles que hagan lo mismo con sus subordinados directos, etc.*
- *Explica por qué ya no serán necesarias las autorizaciones para las compras, porque cada persona es responsable de las decisiones financieras dentro de su misión y límites financieros.*
- *Al principio, puedes ofrecer apoyo moral a tus subordinados directos en la toma de decisiones financieras, pero mantente firme en no tomar las decisiones por ellos.*

Respetar los canales adecuados en subsidiariedad

Oí hablar de un CEO que evaluaba la marcha de su empresa sólo con ver lo llenos que estaban los cubos de la basura. Aunque nos enseñan a tener indicadores clave de rendimiento, los CEO desarrollan una sensación de cómo va su negocio teniendo en cuenta cambios sutiles. Por mi parte, me interesa mucho saber si la gente disfruta con su trabajo y experimenta satisfacción en su vida, dado que están dedicando su tiempo y energía a nuestra misión.

Me encantaría preguntar a los empleados cómo les va, qué se proponen, sus retos y soluciones, etc.; pero sé que sondear de esa manera sería destructivo para una organización en subsidiariedad. La mayoría de los empleados de la empresa están fuera de mi responsabilidad directa, así que si empiezo a preguntarles cómo va su trabajo, estoy enviando un mensaje equivocado. Estaría transmitiendo que no confío en que sus jefes compartan la información adecuada; además, con ello estoy otorgando al empleado el derecho a juzgar a su jefe de forma permanente.

No quiero interferir en el trabajo de los miembros de mi equipo, así que intento mantenerme al margen de sus asuntos. Cuando me pongo a charlar en torno a la fuente de agua o tomando un café con un empleado, podemos hablar de cualquier cosa aparte del trabajo. Hablamos del tiempo, los deportes, las costumbres y la cultura locales, pero me cuido de no preguntarles cómo les ha ido en su última actividad o qué esperan conseguir. Si vuelven de viaje, podemos hablar de lo que les ha parecido la ciudad, de si han tenido tiempo de explorarla, pero no del objetivo del viaje.

Esto me resulta difícil, ya que me interesa mucho lo que hacen, pero gracias a nuestra práctica de la transparencia, puedo acceder a toda la información que necesito.

A través de mis conversaciones informales, al menos me hago una idea de la actitud y el estado de ánimo de los empleados. Si percibo que algo no va bien, lo comunico al jefe en el momento oportuno. Esto no significa que no esté disponible para hablar de trabajo. Todo el mundo sabe que puede enviarme un mensaje para tener una reunión privada. Si alguien quiere hablar de su trabajo, o incluso criticar a su jefe o entender lo que está pasando, puede tomar la iniciativa de hablar de ello; sin embargo, yo nunca tomaré la iniciativa por respeto a mi equipo directo y en coherencia con la forma en que nos organizamos.

Buenas prácticas: *mantener la nariz fuera*

A Ian le encantaría saber en qué andan metidos todos sus empleados, pero es consciente de que las conversaciones sobre negocios con quienes no son sus subordinados directos pueden salir mal. Por lo tanto, tiene que tener muy en cuenta qué tipo de conversaciones va a mantener.

Lo mismo ocurre en tu organización:

- Vigila que tus conversaciones con los empleados no entren en el meollo de los retos de su trabajo.

- Mantén una política de puertas abiertas para que los empleados puedan hablar contigo de lo que quieran, pero no instigues conversaciones que impliquen a tu jerarquía. Establecer estos parámetros hace que las pausas para el café, etc., sean intercambios más ligeros y amistosos.

El papel de la dirección en la subsidiariedad

Llegados a este punto, algunos se preguntarán ¿qué le queda a la dirección en una empresa como la nuestra? ¿Cuál es exactamente el papel de la jerarquía en una empresa que utiliza la subsidiariedad, cuando todo el poder y la responsabilidad están en manos de los empleados individuales?

Que los empleados decidan lo que hay que hacer puede sonar alarmante para algunas personas, pero de hecho los líderes eficientes cederán la mayor parte posible de su responsabilidad y autoridad a los miembros de su equipo. Los directivos tienen su atención consumida por las responsabilidades que realmente mantienen para sí mismos, cuando en cambio deberían estar disponibles para su equipo.

Aquí podemos recordar el caso análogo de los padres que poseen todo el poder y la autoridad, pero delegan en otros algunos aspectos de su responsabilidad.

Un responsable es importante para individualizar las misiones. Cuando hay solapamientos, alguien tiene que ser capaz de ayudar a aclarar la situación y hacer que las cosas sucedan. En tales ocasiones, un miembro del equipo puede pedir ayuda y apoyo a su jefe de equipo.

Los responsables también deben hacer el seguimiento necesario para garantizar que las misiones individuales se ajustan tanto al potencial de la persona como a la misión de la empresa. Una misión debe adaptarse a las capacidades, la experiencia y la personalidad de una persona. A menudo, la razón de los fracasos repetidos es que la misión no se adapta a la persona. Si las misiones están mal definidas, puede haber solapamientos de responsabilidades y confusión, o se pasa por alto alguna necesidad y el directivo pierde el tiempo rellenando los huecos.

Encontrar el lugar adecuado para cada persona es un reto permanente para un directivo, porque confiar una responsabilidad a una persona conlleva un riesgo. Si resulta que no es capaz de adaptarse, si no está a la altura de las responsabilidades, también dará muestras de insatisfacción y será perjudicial para nuestra empresa. Es necesario un ajuste de la persona y de la empresa, pero puede implicar una degradación, que podría ser humillante. En definitiva, los directivos deben ser prudentes y tener tacto en este aspecto de su responsabilidad.

Los directivos definen la estrategia de sus equipos particulares, de forma similar a como yo defino la estrategia de todo el grupo por la organización y las misiones que se acuerdan con los miembros de mi equipo directo. Pero la estrategia no se detiene ahí. Cada persona, dentro de su propia misión, tiene que desarrollar su propia estrategia y táctica en sus áreas de influencia.

Los directivos desempeñan un papel crucial a la hora de ayudar a cada persona de su equipo a ser estratégica. Una herramienta importante para ellos son las reuniones individuales que se celebran una vez al mes. En ellas, el directivo intentará comprender lo que está ocurriendo. A pesar de que en el trabajo hay una interacción constante, la visión de conjunto no siempre está clara. Como ya hemos visto, se pueden tomar iniciativas sin que el directivo esté al corriente, y eso está bien. No obstante, el responsable de un grupo o de una sección debe estar al corriente de lo que ocurre, para garantizar que todo el mundo pueda participar en la misión global y llevar a cabo su propia misión en curso.

Buenas prácticas: hacer un seguimiento para asegurarse de que las personas tienen las misiones correctas y de que las responsabilidades se están cubriendo adecuadamente.

Si se trata de la misión de tus subordinados directos, debes realizar un seguimiento para asegurarte de que una misión concreta es la adecuada. Si es la misión de cualquier otra persona, entonces anima a la persona en la línea correcta de autoridad para que esto suceda. Así en tu organización:

- *Cuando haya un solapamiento, ayuda a establecer límites sobre dónde recae la responsabilidad.*
- *Cuando haya un vacío y algo no se esté haciendo o abordando adecuadamente, discierna si se necesita a alguien nuevo para cubrir esa necesidad o si esta responsabilidad puede encajar en la misión actual de alguien.*

- *Cuando alguien no esté cumpliendo adecuadamente su misión, considera la posibilidad de ajustar la misión de esa persona a algo que sea capaz de cumplir. Las ramificaciones de ese ajuste formarán parte de la consideración.*

Reuniones individuales mensuales

La reunión individual mensual es una oportunidad importante para que los miembros del equipo expresen sus ideas y expliquen el "cómo" han decidido cumplir el "qué" y el "por qué" de su misión. Deben poder explorar y expresar libremente nuevas ideas, utilizando a su jefe como caja de resonancia. El directivo, a su vez, tiene la oportunidad de cuestionar esas ideas y asegurarse de que el razonamiento es correcto. El directivo, a su vez, tiene la oportunidad de cuestionar esas ideas; asegurarse de que lo que se hace está bien razonado, de que hay suficiente ambición, de que se tiene en cuenta el contexto; y verificar que la persona no actúa por miedo, convención o costumbre.

Cuando hay un desacuerdo entre directivos y personas de su equipo, a veces me piden que intervenga. En una ocasión, me pidieron que prestara mi autoridad para resolver una crisis. Sue, que era bastante nueva en la empresa y aún no había asimilado del todo los conceptos de subsidiariedad, me dijo que hacían lo que les mandaban. Le pregunté si le parecía lógico o útil. Bastante a la defensiva, Sue respondió que no estaba convencida de ninguna de las dos cosas. Insistí: "Entonces, ¿por qué lo haces?". Se mostró insegura. Esa fue mi oportunidad para explicárselo: "Dentro de tu responsabilidad, tienes que estar convencida de lo que haces. Si algo te parece absurdo, cuestiónalo, explóralo, compréndelo. Y si te sigue pareciendo absurdo, hazlo de otra manera. Nunca olvides por qué haces algo. El "por qué" está en tu misión. El "cómo" lo haces puede cambiar. Está en tus manos". Observa cómo la gente refina sus ideas cuando tiene que defenderlas.

Buenas prácticas: reuniones individuales mensuales

La reunión individual es un buen momento para que un directivo intente convencer de algo a un miembro de su equipo. Aquí hay que hacer hincapié en la acertada elección de la palabra "convencer", dado que el directivo ya ha confiado a los miembros de su equipo responsabilidades específicas y, por tanto, no puede exigir que las cosas se hagan de una determinada manera. Existe una delgada línea entre el coaching, donde el jefe escuchará, comprenderá y animará; y la gestión, donde el jefe desafiará, pedirá explicaciones y expresará opiniones. Pueden estar de acuerdo en discrepar. En resumidas cuentas: la decisión final está en manos del miembro del equipo.

Así que en tu organización

- *Consigue que tus jefes se reúnan periódicamente con sus subordinados directos.*
- *Asegúrate de que tus directivos distinguen entre "convencer, retar y pedir explicaciones", que es lo que deberían hacer, y "exigir que se tome una determinada medida", que es lo que no deberían hacer.*

La subsidiariedad florece en un entorno de valores comunes compartidos

Para que la subsidiariedad funcione bien, en una empresa deben florecer ciertos valores: confianza, autonomía y transparencia. Vamos a examinar brevemente cada uno de estos tres.

El valor de la confianza

En mis reuniones individuales, he observado cómo a veces hay una evolución de la confianza. Al principio, algunas personas se limitan a lo que creen que quiero oír. Sólo mencionan las cosas positivas y me ocultan otros asuntos por miedo a que interfiera, les contradiga o pierda la confianza en ellos. Poco a poco, la gente se da cuenta de que estoy ahí para ayudarles y de que reconozco plenamente que soy menos competente que ellos en lo que respecta a su trabajo. Mientras instaurábamos la subsidiariedad en la empresa, uno de los miembros de mi equipo tardó casi un año en empezar a insinuar sus fallos y dudas. Sólo en ese momento las reuniones fueron realmente útiles. Llevamos muchos años celebrándolas y siguen siendo útiles para mí y para él. En general, son beneficiosas para la empresa, ya que ayudan a nuestra comunidad, nuestro POR QUÉ definitivo.

La confianza es fundamental y va en ambos sentidos. Cuando los nuevos empleados empiezan en la empresa, se confía en ellos por defecto. No hace falta ganársela. Como creemos que serán fieles a su palabra, no necesitamos controlarlos ni vigilarlos. Compartimos abiertamente toda la información y las estrategias que los empleados, incluidos los nuevos, necesitan conocer.

Buenas prácticas: recuerda que la confianza hacia ti puede llevar tiempo

Ian tiene mucha razón sobre la confianza. En primer lugar, tiene razón al dar importancia a la confianza. Es básica en cualquier relación humana. En segundo lugar, entiende que no puedes "hacer" que la gente confíe en ti. Llegará gradualmente a través de acciones que manifiesten que eres digno de confianza. Así que en tu organización

- *Sé paciente a la hora de recibir la confianza de tus subordinados directos, sabiendo que esto ocurre a lo largo de un periodo de tiempo.*

- *Por su parte, demuestra confianza a los demás (lo cual no es ingenuidad. Véase el punto sobre transparencia más adelante).*

El valor de la autonomía

Trabajé en una empresa en la que las expectativas de trabajo en equipo eran exageradas. En una ocasión, un equipo quería enviar una carta importante. El responsable no sólo quería feedback para su propuesta, sino que insistía en que estuviéramos totalmente de acuerdo en cada una de las palabras. ¡Qué proceso tan doloroso y con tan poco valor añadido! Al fin y al cabo, el consenso no consiste en garantizar una idea superlativa, sino en ofrecer el resultado menos doloroso para todos los presentes.

Autonomía significa aceptar el desacuerdo y apropiarse de una solución, así como de los resultados.

La autonomía es un valor crucial para nuestra empresa. Dentro de su misión, se espera que cada persona esté al corriente y tome buenas decisiones. La autonomía puede suponer un reto, ya que no existe una red de seguridad derivada de haber obtenido primero la aprobación.

Las decisiones no son validadas por la dirección, sino por los resultados. En el mundo empresarial, la validación la da el cliente. Si los clientes ven lo que haces, lo entienden, les gusta, lo necesitan y pueden permitírselo, entonces es posible que compren tu producto. A nosotros nos valida si los profesionales de la salud integran nuestra terapia en su práctica y ayudan a los pacientes a mejorar su salud. Eso es el éxito a nuestros ojos.

La autonomía nos obliga a analizar constantemente nuestro entorno. Recogemos pistas e indicios del entorno sobre riesgos, retos y necesidades futuras, mientras que la decisión de integrarlos sigue estando en manos de cada persona. Puede que haya reuniones de equipo para explorar un reto desde varios ángulos y coordinar las respuestas, pero cada uno es dueño de su parte de la solución.

Permítanme señalar aquí que la autonomía, en una empresa, está en contradicción con la democracia. Que todo el mundo dé su opinión sobre un proyecto de su responsabilidad y luego se someta a votación es una receta para el desastre. Los que voten en contra se sentirán insatisfechos de que no se siga su opinión, mientras que los demás caerán en la ilusión de que la emoción de elegir puede desconectarse de soportar la carga de las consecuencias.

La autonomía tampoco es independencia, ya que eso significaría que estás solo y puedes hacer lo que quieras. La autonomía se produce en el contexto de un propósito, una misión. En la autonomía, las personas trabajan juntas, cada una con sus propias limitaciones. Comprender las limitaciones de cada uno, aceptar las misiones de los demás, es lo que da sentido a la autonomía.

Podemos decir que la autonomía requiere un proceso continuo, por eso es un tema recurrente en las reuniones mensuales individuales.

Buenas prácticas: fomentar la autonomía

Dado que la autonomía implica necesariamente asumir riesgos, es importante al menos dar apoyo moral y efectivo a quienes están creciendo en autonomía. Ian ha identificado sabiamente un horario de reunión específico y regular para asegurarse de que así sea.

Así que en tu organización

- Asegúrate de que todo el mundo entiende el significado de autonomía, que es diferente de democracia e independencia.

- Prepárate para dar apoyo moral, sobre todo al empezar con la subsidiariedad, para que los empleados estén dispuestos a asumir el riesgo y la responsabilidad de la autonomía, sin dejar de prestar atención a las funciones y necesidades de los demás en la organización.

El valor de la transparencia

Una vez que la confianza y la autonomía han arraigado en una empresa, entonces es posible el tercer valor fundamental de la transparencia, a saber, que cualquiera dentro de la empresa pueda saber y ver lo que se está haciendo. La transparencia revela los proyectos a medio hacer o las malas ideas. La gente puede ser reacia a la transparencia si ha tenido a un microgestor mirando constantemente por encima del hombro, ya que tiene la impresión de que la única manera eficaz de hacer las cosas es mantener al jefe en la oscuridad. A menudo, las empresas pueden crear una cultura de secretismo cuando los directivos son demasiado inquisitivos o volubles. Los nuevos empleados, por tanto, tendrán que experimentar cómo la subsidiariedad se impone al sigilo.

Sólo puede haber transparencia cuando hay confianza. Cuando la gente está segura de que realmente es dueña de su misión, no se siente amenazada ante la idea de hablar de ella. Saben que pueden tomar las decisiones. Incluso una opinión dada por su jefe sigue siendo sólo eso.

Cuando hay confianza y autonomía real, no hay nada que ocultar. La transparencia también genera confianza. Un jefe confiará más en un miembro del equipo que habla abiertamente de sus fracasos que en uno que sólo manifiesta sus éxitos.

Hemos tenido empleados a los que les encanta la autonomía y la confianza que se les da, pero no presentan sus proyectos hasta que están totalmente terminados. Esto significa que durante semanas nadie sabe lo que están haciendo. Su falta de transparencia influye en su trabajo, ya que no buscan feedback ni permiten que se cuestionen sus ideas. El producto final rara vez es tan bueno como podría haber sido. En estos casos, hay que encontrar una solución, porque un trabajo inferior no es aceptable. El jefe directo tendrá que volver a insistir en las ventajas y los valores de la transparencia y en cómo forma parte de nuestra cultura.

Buenas prácticas: instaurar una cultura de la transparencia

Los empleados tienen responsabilidades individuales, pero deben rendir cuentas de sus decisiones. La transparencia da a los directivos la oportunidad de hacer a tiempo observaciones y recomendaciones que pueden garantizar el éxito o evitar errores costosos.

Por tanto, en tu organización

- *Presenta la transparencia como un valor para el conjunto de tu organización.*
- *Establece la expectativa de que los empleados examinen sus ideas con sus jefes en el momento oportuno, al tiempo que subraya que la decisión final corresponde a quien tiene la responsabilidad específica.*

- *Incorpora transparencia al sistema financiero, de modo que los directivos tengan plena visibilidad de las actividades y puedan acceder a los gastos de los de su área.*

Valores para los jefes de equipo

Además de los valores mencionados que se aplican a todos en la empresa, la subsidiariedad implica valores específicos para los jefes de equipo, incluido el CEO. En primer lugar, simplemente tenemos que estar ahí, dispuestos a escuchar y comprender a los miembros de nuestro equipo. Subsidiariedad significa que mi equipo puede delegar en mí algunas de sus responsabilidades y yo debo ser capaz de aceptarlas.

Es fundamental que los jefes de equipo vigilen que una persona no asuma responsabilidades que ya están en la misión de otra. Esto puede ser difícil de detectar, pero hay que contrarrestarlo lo antes posible. Algunas personas intentan ser útiles en todas partes, lo que a veces se reduce a una toma de poder. Cualquiera que sea la motivación, ya sea un corazón bondadoso o un espíritu intrigante, hay que cortarla de raíz. El jefe debe asegurarse de que todos los miembros del equipo sepan y confíen en que su área de responsabilidad será defendida.

Los jefes de equipo también necesitan mucha paciencia. Lo que puede parecer obvio puede tardar en asimilarse. Como los jefes de equipo no pueden imponer, se ven obligados a explicar, cuestionar ideas, contextualizar, volver a explicar y asegurarse de que las cosas quedan claras. Afortunadamente, otras cosas que parecían triviales e inútiles, y que el jefe pasó por alto, darán sus frutos sin que ni siquiera se note.

Generar confianza está principalmente en manos del líder. La puntualidad es el primer signo de confianza. Los líderes también deben cumplir sus promesas. Otras características valiosas de los líderes son la franqueza, la apertura y la capacidad de compartir. Sorprendentemente, uno de los valores más fundamentales es la humildad. Una idea es tan buena como su puesta en práctica. Los líderes tienen que ofrecer ideas libremente, ayudar a los miembros de su equipo a crecer, animar y confiar, todo ello permaneciendo invisibles. Los jefes de equipo que se atribuyen el mérito están desperdiciando el potencial de sus equipos.

Buenas prácticas: refuerza a tu equipo haciéndolo brillar

La subsidiariedad consiste en dar a las personas con la competencia y la responsabilidad real el poder de tomar las decisiones oportunas. El sentido de gestionar un grupo de personas en subsidiariedad es darles poder para que cumplan su misión lo mejor que puedan.
    Así que en tu organización:

- *Inspira a tus jefes de equipo para que crezcan personalmente en paciencia y humildad.*
- *Ayuda a tus jefes de equipo a apreciar el valor de hacer florecer a los demás.*

El Bien Común como corolario de la subsidiariedad

Como sistema político, la subsidiariedad se desarrolló en un contexto cultural. Existía un entendimiento común entre las personas de un mismo barrio. Compartían valores y expectativas y a menudo tenían una religión y una historia comunes. Estos elementos comunes parecían necesarios para que la subsidiariedad funcionara realmente.

En nuestra empresa, nos encontramos con ciertos retos. Si cada uno estaba plenamente implicado y era ambicioso en su propia misión, a veces interfería en la misión de los demás.

Por ejemplo, tenemos una agradable sala de descanso donde los empleados pueden disfrutar de un vaso de zumo de naranja natural, una taza de café o tomar su comida. En un momento dado, la gente estaba tan ocupada con sus misiones que se apresuraban a tomar un bocado para volver a lo que estaban haciendo. Los platos sucios se amontonaban, pero eso no estaba bien. La misión de la señora de la limpieza es mantener nuestro entorno de trabajo agradable para que podamos trabajar con eficacia. No se espera de ella que limpie lo que ensucia todo el mundo.

Nos dimos cuenta de que necesitábamos un valor compartido explícito que pudiera trabajar mano a mano con la subsidiariedad. Históricamente, uno de los valores que solían acompañar a la subsidiariedad era el bien común. Dedicamos algún tiempo a tratar de entender si podía aplicarse a nosotros y cómo. La palabra "común" se aplica, ya que es un concepto que tiene que ser aplicable a todos y cada uno de nosotros, sea cual sea nuestra misión, nuestra situación y quienquiera que seamos.

El concepto de bien era más peliagudo porque hoy en día este concepto "bien" se entiende a veces vinculado a las circunstancias. Sin embargo, en el concepto de bien común, el concepto de bien parece trascender las situaciones específicas, y permanecer como punto de referencia independientemente de la tormenta o de la crisis del momento. Así es como intentamos entender este concepto.

Podríamos haber pasado mucho tiempo en nuestras reflexiones considerando que las diferentes culturas del mundo podrían tener diferentes formas de entender el concepto de bien. Como empresa, no sentimos la necesidad de adentrarnos demasiado en ningún agujero de conejo filosófico, así que decidimos alinear nuestro concepto del bien con lo que generalmente se considera bueno en nuestra cultura judeocristiana.

También nos dimos cuenta de que el bien común no era el bien de muchos contra pocos o viceversa. Por un lado, no hay que sacrificar el bien de uno para que muchos prosperen. Por otro lado, tampoco el bien de una persona debe considerarse más importante que el bien de muchos. Nuestra concepción es la de un acto de equilibrio, en el que el bien de todos y el bien de cada persona están continuamente en equilibrio. Es más fácil decirlo que hacerlo.

Tras nuestras reflexiones, estábamos dispuestos a difundir nuestra concepción del bien común por toda la empresa.

Una vez que apareció el valor del bien común

Una vez que empezamos a compartir el valor del bien común como algo necesario para nuestra organización, observamos algunos efectos interesantes. Por ejemplo, cuando explico la noción de bien común a los nuevos empleados, me gusta poner el ejemplo de nuestra sala de descanso. Todo el mundo sabe que debe limpiar lo que usa, en cuanto lo usa, ya sea una taza de café o un plato. Así reconocemos en común que todos nos beneficiamos del bien de esta sala. La idea de bien común es preocuparse por los demás, al tiempo que uno se preocupa también de su propia responsabilidad.

El bien común no es un conjunto de reglas, sino una mentalidad de tener en cuenta a los demás. Puede haber circunstancias excepcionales cuando, por ejemplo, alguien recibe a un invitado y no puede limpiar las tazas de café. En ese caso, puede dejarlas sucias donde están. Otra persona, normalmente la siguiente, las recogerá y las lavará. Aunque no sepan de dónde vienen esas tazas, confían en que la persona que las dejó lo hizo por una buena razón, y que al lavarlas están ayudando al bien común. Es un ejemplo trivial, pero muestra de forma muy práctica cómo una cultura que reconoce el bien común es necesaria para la subsidiariedad.

En la práctica, esto significa que, a medida que las personas viven su misión y cumplen con sus responsabilidades, mirarán por los demás, para asegurarse de que no están interfiriendo en sus misiones. El mero hecho de pensar en el bien común es una forma de contrarrestar el riesgo de egoísmo que puede dominar a las personas autónomas. Es especialmente fundamental para las personas que trabajan en equipo en el cumplimiento de sus misiones.

Por ejemplo, el equipo de marketing se asegurará de que el jefe de producción sepa lo que están haciendo para que pueda organizarse adecuadamente. Cuando un camión lleno de medicamentos llega a nuestra planta de Bélgica, los que están disponibles echan una mano para descargarlo. Cuando alguien está de baja, sus compañeros se aseguran de que no haya urgencias desatendidas. Son sólo algunos ejemplos de cómo tenemos presente el bien común.

La idea del bien común también implica que si alguien pide ayuda, un colega debe considerar si es posible aportar algo. Ni que decir tiene que hay que evitar ayudar en detrimento de la propia misión. Mantener un equilibrio adecuado entre ocuparse de la propia responsabilidad y ser consciente de los retos de los demás es un aspecto digno de reflexión que a menudo se aborda en las reuniones individuales.

Desafíos para defender el bien común

En la práctica, el bien común resulta difícil de mantener, ya que las personas tienen visiones diferentes de lo que significa mantener un equilibrio entre el bien de todos y el bien de cada uno. La gente es consciente de lo que hace por los demás, como lavar la taza de café de otro o quedarse hasta tarde para ayudar a alguien; pero es menos consciente del bien hecho por los demás. Algunos empezaron a quejarse de que el bien común era siempre para los demás y nunca para ellos. Nos dimos cuenta de que era importante subrayar cuándo se ponía en práctica y manifestar cómo contribuía cada persona al bien común.

Mantener el bien común es un trabajo en curso, especialmente en tiempos de estrés y crisis, cuando es fácil juzgar mal el concepto de bien y el impacto que puede tener en los demás. Esperamos que cada persona haga lo correcto, independientemente de su posición. Nótese que se apela a toda la humanidad de cada persona. No se trata simplemente de aplicar normas o seguir reglamentos. Nos apropiamos del momento y tomamos decisiones sobre lo que está bien y lo que está mal.

Quizá algunos piensen que somos injustos al pedir algo así a nuestros empleados, sin darles unas directrices estrictas y una norma a seguir. Se corre el riesgo de tomar decisiones arbitrarias, ya que el concepto de bien puede entenderse de forma diferente en cada momento, o incluso manipularse para ajustarse a cada persona.

Creemos ser justos porque nos basamos en algo que es humano. Cada uno de nosotros, en nuestra vida privada, nos enfrentamos a decisiones sobre el bien y el mal. ¿Qué es bueno para los niños? ¿Qué debo hacer por mis padres? ¿Debería tomarme estas vacaciones o ir a visitar a un amigo? ¿Debo comprar este o aquel tipo de comida? Cada uno de nosotros se enfrenta a este tipo de dilemas. Cuando invitamos a la gente a participar en nuestra misión, nos dirigimos a la persona en su totalidad, incluida su integridad moral.

Podemos concluir, por tanto, que el bien común es un telón de fondo cultural necesario para que la subsidiariedad se desarrolle de forma humana y eficaz.

Buenas prácticas: transmitir el valor del bien común junto con la subsidiariedad

La subsidiariedad y el bien común van de la mano. Los empleados deben asumir plenamente su misión y, al mismo tiempo, no perder de vista al grupo en su conjunto. Aquí entra en juego el sentido común, así como la apelación a la analogía de cómo toman las decisiones en su vida familiar.

Así que en tu organización

- *Asegúrate de que tus empleados saben lo que significa el bien común en el contexto de tu organización.*

- *Ofrece ejemplos de cómo la subsidiariedad y el bien común van de la mano.*

- *Encuentra formas de valorar y apreciar cuando los empleados defienden el bien común.*

- *Establece límites claros con tus empleados para que respeten los canales adecuados de autoridad, a fin de evitar pisar los talones de los líderes de su equipo.*

- *Anima a los jefes de equipo a vigilar y proteger a las personas que invaden las misiones y responsabilidades de los demás.*

Resiliencia

La resiliencia es una consecuencia de las dos herramientas de gestión: la subsidiariedad y el bien común. Podemos entender este concepto observando el mundo natural, que se adapta a circunstancias cambiantes. Por ejemplo, los árboles. Durante el verano, un árbol tiene hojas para su alimentación y crecimiento mientras que, durante el invierno, está sin hojas como protección contra el frío. Me fascina ver cómo un árbol se retuerce y se dobla en medio de una tormenta, pero mantiene su integridad y su fuerza. El poder de adaptación se encuentra en todas partes en el mundo natural. El ser humano, a lo largo de los siglos, también ha demostrado una resistencia increíble, incluso en condiciones extremas como los desiertos y los polos helados. Nos adaptamos a las circunstancias cambiantes.

La resiliencia ha sido una opción clave para nuestra empresa. Nos esforzamos por adaptarnos a lo inesperado. Para nosotros eso significa tener un excedente. Quizá no optimizamos el rendimiento financiero, pero optimizaremos nuestra supervivencia en medio de circunstancias cambiantes.

Preguntarse "¿quién te sustituirá?"

La pregunta: "¿Quién podría sustituirle si usted no pudiera venir mañana?" es una pregunta difícil de plantear. Pero es posible en una empresa con subsidiariedad.

Cada persona de la empresa debe tener en cuenta la posibilidad de que no pueda venir a trabajar al día siguiente. Cada persona, de hecho, es responsable de pensar en la capacidad de recuperación y de hacerse reemplazable. La gente puede sentirse fuera de su zona de confort explorando esta vía, pero es importante para la resiliencia, y sólo es posible si existe realmente confianza.

A veces me entero de noticias emocionantes antes de que se hagan públicas. Me encanta cuando una de nuestras jóvenes, tomando la iniciativa de mi política de puertas abiertas, me comunica que está esperando un bebé. Tal vez esté esperando a decírselo a otras personas, pero quiere que yo lo sepa, ligeramente asustada por lo que pueda pasar. La felicito calurosamente y me alegro de su nueva aventura como madre.

Dado que el 80% de nuestros empleados son mujeres, a menudo tenemos tres o cuatro embarazadas o de baja por maternidad. Si bien es cierto que la reorganización está implícita para el resto del equipo, la responsabilidad y el poder están en manos de la futura madre. Si su misión es indispensable, tiene que determinar cómo se llevará a cabo durante su ausencia; o si su misión no es demasiado sensible al tiempo, tiene que precisar los detalles para ponerla en pausa.

Desarrollaré una faceta de la resiliencia en otro capítulo, cuando hable de una responsabilidad mía que consiste en incitar a todos a buscar nuevas oportunidades.

Buenas prácticas: resiliencia

La resiliencia tiene que ver con la capacidad de adaptarse a circunstancias cambiantes, algo que suele ser crucial para que las organizaciones avancen. Un aspecto importante de la resiliencia es ser reemplazable.

Así que en tu organización

- *Primero discierne si se ha generado suficiente confianza para que los empleados no se sientan demasiado amenazados por la petición de que cada persona planifique cómo podría ser sustituida.*

- *A continuación, transmite el valor de la resiliencia, de modo que el contexto quede claro para la petición que vendrá a continuación.*

- *A continuación, transmite la expectativa de que los empleados elaboren planes de sustitución viables con sus jefes antes de solicitar una excedencia o una baja por enfermedad.*

Conclusión

Recuerda que una misión incluye un POR QUÉ y un QUÉ, pero no el CÓMO, y que las misiones deben alinearse con la responsabilidad.

Una vez que la subsidiariedad se vincula con éxito con el bien común y la resiliencia, tenemos la receta para una sinergia saludable. Las personas canalizarán sus energías hacia la consecución de bienes que ayuden tanto a la empresa como a las personas que forman parte de ella.

Capítulo Dos

Sistemas financieros permeables frente a subsidiariedad

Uno de los aspectos más importantes de la subsidiariedad es alinear la responsabilidad con el poder, lo que significa que quienes tienen misiones que cumplir disponen de lo necesario para llevarlas a cabo. ¿Suena fácil? Parece que no. Muchas empresas se hunden por culpa de un desajuste en este aspecto, aunque antes fueran muy rentables.

En este capítulo, primero me gustaría repasar contigo una serie de prácticas financieras típicamente ineficaces que he encontrado a lo largo de los años. Luego veremos cómo trabajar a través de la subsidiariedad va mucho más allá de tapar fugas.

Empecemos por cuando cumplí 18 años y tuve que tomar la difícil decisión de qué estudiar. La biología me atraía porque trataba de seres reales que necesitaban todas sus partes para funcionar bien. Me gustaba que todo fuera necesario. Las ingenierías también me atraían porque no hay margen de maniobra para salir airoso de un error. Pero no estaba preparado para elegir una carrera, y mucho menos una materia que iba a durar el resto de mi vida. Así que opté por estudiar empresariales como forma de posponer mi elección de sector.

En Francia, estos estudios de empresariales duran cinco años y exigen elegir una especialización. Me decanté por las finanzas empresariales, que se encargan de que el dinero fluya adecuadamente por una organización para que siga funcionando. El flujo de dinero en una empresa funciona un poco como la sangre en un ser vivo, que lleva oxígeno y nutrientes a todos los órganos. Esto implica saber cómo funcionan las diferentes partes de una organización y cómo funcionan juntas como un todo unido.

Como aún no tenía ni idea de en qué sector quería entrar, pensé que estar en el departamento financiero me daría una visión de toda la empresa, ya que todos los departamentos tienen que pagar cosas.

Las finanzas empresariales tienen tres objetivos principales.

1. El primer objetivo es asegurarse de que la empresa es rentable y dispone de liquidez para funcionar. Este es el objeto de la contabilidad general y la gestión de tesorería. Si te equivocas en esta parte, te quedas sin negocio.
2. La segunda es cubrir los impuestos. El Estado exige que le informes de cuánto ganas para asegurarse de que puede obtener su parte (¿justa?). Ese es el objeto de la contabilidad fiscal. El Estado establece las normas que le permiten extraer impuestos sobre el valor añadido, sobre el trabajo de tus empleados, sobre los beneficios y, básicamente, sobre cualquier cosa que ocurra en la empresa. Si te equivocas, puedes tener que pagar multas e incluso ir a la cárcel.
3. El tercer propósito es informar a la dirección de lo que ocurre en la empresa. Necesitan conocer el pulso de su negocio. Si te equivocas, tu empresa no se adaptará a las necesidades cambiantes, y las oportunidades, y el negocio se agotará. Una vez más, la metáfora de un organismo vivo resulta muy útil. Esta última área de las finanzas se denomina contabilidad de gestión, o sistema de información de gestión, o incluso control.

Las prácticas ineficaces o "con fugas" que voy a mencionar ahora tienen que ver con este último propósito de las finanzas empresariales, la parte de control. Los altos ejecutivos pueden sentir que necesitan un control estricto de las cosas para hacer bien su trabajo. No creo que se den cuenta de que las mismas prácticas que establecen en realidad socavan la eficacia que intentan obtener.

Primera práctica con fugas: Ejecutivos que se basan en datos cuestionables para tomar decisiones importantes

Al principio de mi carrera, tuve una experiencia que marcó el resto de mi vida. Ocurrió durante mi primer trabajo, que era en la industria de la lana.

La gente de nuestra sede central de París quería saber el impacto del grosor de la lana en algunos de sus parámetros operativos. Así que el director financiero, el CFO (Director Financiero), nos pidió que recopiláramos datos sobre el grosor de la lana en los últimos años y los presentáramos a la alta dirección. Respondimos que se trataba de un asunto del que nunca se había hecho un seguimiento, por lo que no había información relevante que ofrecer. El director financiero respondió "La dirección lo ha pedido, así que tenemos que proporcionarlo". Propuso que elaboráramos estadísticas basadas en nuestras propias estimaciones. En otras palabras, que mintieramos.

Le argumentamos que inventar la información no sería útil para la alta dirección, ya que probablemente basarían sus decisiones en información sin fundamento, o incluso engañosa. El Director Financiero insistió en que, de hecho, conocíamos la información que realmente importaba y que simplemente la estábamos ilustrando con cifras.

Este intercambio me llevó a sacar dos conclusiones importantes sobre las finanzas:

- Uno, es que los números se utilizan para contar una historia.

- En segundo lugar, la dirección puede no obtener datos veraces debido a incentivos discordantes entre la dirección y los encargados de suministrar los datos. En este caso, las ambiciones profesionales del director financiero se impusieron al suministro de datos precisos.

Ese Director Financiero fue despedido unos meses después por falta de ética. Por mi parte, cuando dejé esa empresa, me llevé conmigo el valioso descubrimiento de los riesgos relacionados con la confianza de los altos directivos en datos dudosos.

Si los altos cargos se basan en datos suministrados por sus empleados para tomar decisiones importantes, ¿qué garantías tienen de que los datos no sólo son correctos, sino que seguirán siendo pertinentes?

Segunda práctica con fugas: presupuestar para seguir siendo pertinente y gastar porque está en el presupuesto

Cuando se trata de invertir dinero y garantizar un flujo de caja saludable, tenemos algunas limitaciones básicas.

- La primera es que tenemos recursos limitados.
- La segunda tiene que ver con el hecho de que hay mucha gente en la empresa: si uno o unos pocos acapararan todos los recursos, eso dejaría a todos los demás en un aprieto.

Seamos muy claros: cuando digo "recursos", hablo de dinero.

He aquí una situación típica a la hora de elaborar presupuestos. La dirección quiere optimizar el empleo de sus recursos para llevar a cabo la estrategia que se ha fijado. Los distintos departamentos tienen que proyectar cuánto dinero van a necesitar y cuánto beneficio van a obtener con él. Una vez presentadas todas las propuestas según un formato estándar, el departamento financiero consolida todos los proyectos, planes y aspiraciones de los empleados. Estos datos vuelven a la dirección general para su análisis.

No es de extrañar que las peticiones de dinero suelan ser exageradamente elevadas. Esto se debe a que cada departamento se esfuerza por aparecer como esencial y óptimo para la asignación de recursos. Además, y es comprensible, todo el mundo simplemente quiere ganar un poco de espacio extra para respirar. Me recuerda a los caballos cuando los ensillan: respiran entrecortadamente cuando les aprietan la cincha alrededor del vientre. Así que hay que esperar unos minutos hasta que exhalen o darle un suave rodillazo en el vientre para poder apretar la cincha lo suficiente. En realidad, no es seguro que la silla se afloje cuando ya estás montando, porque podrías caerte. En el caso de ajustar los presupuestos, habrá un vaivén con partes que se rechazan y otras que simplemente se modifican. Al final, el presupuesto resulta ser un compromiso entre lo que la gente propuso hacer y lo que la dirección determina que debe hacerse. Puede ser difícil calibrar si el "sillín presupuestario" está lo suficientemente apretado para el viaje.

Durante este proceso, la gente es demasiado consciente de que la dirección podría preguntar: "Si no gastaron todo el año anterior, ¿por qué necesitarán algo equivalente o mayor para el año siguiente?". Y es precisamente esa pregunta (formulada o no) la que impulsa a la gente de una organización a gastar hasta el último céntimo de su presupuesto antes de que acabe el año, tanto si se trata de un uso eficiente de los recursos como si no.

Los presupuestos, por tanto, tienen algunos efectos secundarios que me parecen bastante aterradores. En primer lugar, se juzga a las personas por su capacidad para predecir el futuro. Si se premia a las personas por su capacidad para cumplir su presupuesto, entonces se penalizarán los presupuestos ambiciosos y se premiarán los presupuestos excesivamente conservadores. Sin embargo, en realidad, el éxito empresarial se basa en asumir riesgos calculados y adaptados a las circunstancias cambiantes.

En segundo lugar, los presupuestos llevan tiempo, a menudo meses de elaboración. Eso significa que se invierte mucho tiempo y energía de gestión en intentar predecir el futuro y negociar, sólo para acabar con un compromiso que no satisface a nadie.

En tercer lugar, una gran idea durante la temporada de elaboración del presupuesto puede muy bien resultar una idea bastante estúpida unos meses más tarde, cuando llegue el momento de ponerla en práctica. Sin embargo, como hay fondos para la propuesta en el presupuesto, es muy posible que salga adelante de todos modos.

Un director financiero local que conozco me contó que tiene que aplicar un estricto proceso presupuestario que exige especificar cuándo se comprarán los artículos y a qué precio. No comprar los artículos de acuerdo con estas especificaciones se etiqueta como un fracaso. A menudo eso significa perder oportunidades sencillas. Por ejemplo, tenían previsto comprar mesas y sillas para las nuevas oficinas que estaban construyendo. Su proveedor les ofreció un descuento del 50% si compraban los muebles un mes antes de lo previsto. Aunque los productos podrían haberse entregado cuando se necesitaban, hubo que renunciar a la oportunidad porque estaba fuera de los planes presupuestarios. Fue un despilfarro de los recursos de la empresa.

¿No resulta irónico que la forma en que las empresas elaboran sus presupuestos anuales pueda ser tan contraproducente para el funcionamiento eficiente del negocio?

Tercera práctica con fugas: instigar políticas de empresa para controlar a los empleados

Las empresas temen que se malgasten recursos de dinero, talento o tiempo en la empresa. La reacción instintiva es crear más y más normas, o políticas de empresa, para asegurarse de que los recursos se emplean bien.

Por ejemplo, las empresas suelen establecer políticas para garantizar que la gente empiece a trabajar a su hora y no se vaya antes de tiempo. Para ello es necesario velar por su cumplimiento, lo que implica que algunos empleados dediquen tiempo y energía a controlar a los demás. Además, puede haber sanciones para los que llegan tarde y recompensas para los que llegan a tiempo. (En este sentido, las recompensas y sanciones también podrían utilizarse para fomentar el cumplimiento del presupuesto). Pero las recompensas pueden resultar contraproducentes. Hay que tener en cuenta que si una empresa fomenta un determinado comportamiento, desalentará otro. En el caso de la puntualidad, por ejemplo, se recompensa a los empleados por llegar puntuales a la oficina; sin embargo, si luego pasan la hora siguiente tomando café y charlando, puede que estén perdiendo el tiempo sin ningún beneficio para la empresa. Si los empleados sólo se guían por lo que se mide, es fácil encontrar lagunas. Con demasiada frecuencia, las políticas pueden ahogar la creatividad y la libertad de los empleados para adaptarse a lo que la empresa necesita hacer por el cliente.

Las recompensas y sanciones deben estar perfectamente pensadas y adaptarse a los nuevos tiempos. Estamos hablando de una utopía que nunca sucederá. Pero en cualquier caso, la dirección general experimenta una fuerte tentación de controlar a sus empleados mediante políticas.

Muchos controles establecidos por la dirección no garantizan una mayor eficacia en una empresa. Al contrario, pueden estar condenan-

do a la empresa a responder con lentitud a las demandas cambiantes del mercado, algo que podría afectar gravemente a la rentabilidad de la empresa.

Un sistema de gestión financiera acorde con la subsidiariedad

Habiendo experimentado de primera mano las debilidades de lo que he llamado "prácticas con fugas", buscaba algo que fuera lo suficientemente flexible como para adaptarse a la realidad a lo largo del tiempo. Un sistema que ofreciera la oportunidad de obtener información significativa a las personas que realmente necesitaban los datos, ayudará a la empresa a ser rentable y facilitará el acceso a los recursos a quienes pudieran beneficiarse de ellos.

Ahora bien, yo digo que eso es lo que quería, pero no era el director financiero de la empresa. Petra lleva más de 20 años en la empresa, donde empezó como ayudante de contabilidad. A lo largo de los años, ha obtenido un máster en Finanzas Empresariales. Comprendía los retos de la empresa y compartíamos muchas de las preocupaciones sobre los peligros de un sistema de gestión financiera.

Petra también destaca por tratar de entender lo que está en juego antes de formular su propia opinión. Incluso en las situaciones más complicadas, siempre empieza con preguntas y va indagando hasta que entiende lo que está pasando. Está dispuesta a considerar ideas, desde las más innovadoras hasta las más absurdas: una gran compañera de sparring. Así que estudiamos juntos cómo poner en marcha nuestro sistema de gestión.

Deshacerse de las órdenes de compra firmadas

(Aquí detallamos una práctica que ya se recomendaba en el capítulo uno).

Queríamos tener algo en marcha lo antes posible para que la alineación poder-responsabilidad estuviera clara para todos.

Empezamos por negarnos a firmar órdenes de compra.

Una orden de compra es un documento enviado a un proveedor en el que se indica lo que se quiere y el precio acordado. Antes de que yo llegara, el anterior CEO firmaba todas las órdenes de compra. Me propuse acabar con esa práctica desde mi primer día como CEO. Al fin y al cabo, no tenía ni idea de la mayoría de los materiales de laboratorio que comprábamos. ¿Cómo podía saber si algo era una buena compra si ni siquiera podía pronunciar su nombre? En segundo lugar, al firmar una compra, daba la impresión de que asumía la responsabilidad. Podía ser una responsabilidad compartida, pero para la persona que proponía la compra era una responsabilidad disminuida. Enviaba el mensaje erróneo de que el CEO es el que sabe más. Otra razón por la que estoy en contra de firmar órdenes de compra es mi limitada disponibilidad como CEO para firmar, lo que significa que se pueden perder horas, días o incluso semanas antes de que se pueda realizar una compra de algo necesario.

Petra estaba de acuerdo en que las órdenes de compra firmadas deberían ser lo primero en desaparecer. Ya verán por qué esto no implicaba dar un cheque en blanco a todo el mundo, cerrar los ojos y limitarse a esperar que no gastáramos más de lo que teníamos.

Hojas de cálculo sencillas

Nuestro primer sistema de gestión fue una simple hoja de cálculo en línea: una para cada persona que necesitaba hacer compras. Mientras no superaran las cantidades que les habíamos asignado, podían gastar lo que necesitaran sin necesidad de autorización adicional.

Organizaban los importes asignados por proyectos o actividades y asignaban sus compras en consecuencia. La hoja de cálculo asignaba un código a cada orden de compra.

Cuando las facturas llegaban al departamento de contabilidad, sabían que si había un código se podía pagar. Básicamente, cada persona de la empresa podía auto autorizar sus compras. Se acabaron las firmas.

Ese simple cambio supuso toda una revolución. La gente estaba acostumbrada a esperar, negociar y dar explicaciones. Ahora eran libres de decidir y actuar. Al principio, algunos pedían mi aprobación. Yo, por supuesto, me negaba, explicando que era su responsabilidad y no la mía. Podía darles mi opinión si lo deseaban, pero nada más. Aprendieron a formular mejor sus preguntas. Muy pronto, la gente se dio cuenta de que realmente tenía poder para decidir sus compras.

La hoja de cálculo hizo posible varias cosas importantes: el departamento financiero podía asegurarse de que sólo asignaba los fondos existentes; las personas podían tomar decisiones que se ajustaban a sus responsabilidades directas; y así pusimos de manifiesto que lo decíamos en serio cuando afirmábamos que queríamos alinear responsabilidad y poder.

Fue fascinante observar cómo las personas elegían gestionar sus propios recursos. Por ejemplo, Georgina dedicó sólo una parte de los recursos a sus actividades del año. Como gastadora prudente, se esforzaba por guardar algo por si surgía una necesidad imprevista.

Había otros como ella. Nos alegró mucho descubrir a personas que nunca habían sido capaces de expresar realmente esta tacañería, una cualidad tan importante para gestionar el dinero.

A partir de entonces, insistimos en que la gente gestionara su presupuesto empresarial de forma similar a su presupuesto doméstico.

También nos dimos cuenta de la necesidad de tomar una medida especial para apoyar a los tipos Georgina en la empresa. Si al final del año les hubiéramos anunciado que todo lo que habían ahorrado prudentemente durante el año se esfumaría al comienzo de un nuevo ejercicio, se habrían enfadado bastante. Así que, gracias a Georgina y a otras personas como ella, establecimos la norma de que los ahorros de un año se transfirieran al siguiente. Así se evitó que la gente intentara agotar todo su presupuesto cada año. Así se fomentaba el ahorro y la gente se sentía inspirada para empezar a ahorrar en un año con vistas a proyectos creativos en otro.

Lucas, que pensaba más como un ingeniero, gestionaba sus recursos de otra manera. En cuanto se le asignó su límite máximo para el año, planificó todas sus actividades basándose hasta en el último céntimo que se le había asignado. Así podía sentir todas las limitaciones y ampliar las posibilidades para cumplir su misión. A medida que pasaban los meses, reasignaba dinero de una actividad a otra. Al final del año, Lucas no lo había gastado todo, pero sin duda había maximizado sus posibilidades, algo valioso para una empresa.

Sarah, en cambio, era una acaparadora porque sus proyectos solían durar varios años. Cuando empezaba algo, necesitaba tener la seguridad de que podría completar sus actividades, así que intentaba acumular todo lo posible. Sarah consideraba cada céntimo gastado como propio. Y esa es una gran actitud, porque la hace ser cuidadosa con sus decisiones.

Luego estaban los gastadores más ocasionales. No actualizaban su hoja de cálculo hasta que se lo recordaba su jefe o el departamento de contabilidad. Este tipo de personas eran fáciles de detectar, ya que no se tomaban su responsabilidad financiera tan en serio como podrían. Nos dimos cuenta de que necesitarían más tiempo para comprender plenamente el concepto de subsidiariedad. Apreciaban la autonomía y su poder para gastar, pero no necesariamente la responsabilidad que ello conllevaba.

Matthew tenía otra forma de manejar el dinero. Era un negociador feroz con nuestros proveedores. Quería hacer todo lo posible con lo que tenía. Así que cada céntimo negociado era para él un céntimo más que podía gastar más tarde. Había bastantes personas como Matthew que regateaban y negociaban para conseguir el mejor trato posible. Estaban orgullosos de sus éxitos y se sentían satisfechos de poder hacer más.

Algunos de nuestros proveedores se vieron así sumidos en la confusión. En Navidad, se habían acostumbrado a enviar una botella de vino o alguna muestra de gratitud al CEO. De repente, el CEO ya no era quien decidía y los proveedores se dieron cuenta de que debían hacer sus regalos a otra persona de la empresa.

Algunos empleados no se sentían cómodos negociando, así que a veces pedían a uno de los negociadores que les ayudara a conseguir el mejor acuerdo para contratos o compras concretas. Fue agradable ver cómo se desarrollaba esta dinámica.

Alice, la señora de la limpieza, era extraordinaria. Con los recursos que tenía asignados, decidía cuál era el mejor papel higiénico o el desinfectante más eficaz. Su misión es asegurarse de que los empleados de las oficinas tengan un lugar agradable en el que trabajar para que sean eficientes. Como la cocina estaba a su cargo, tuvo que solucionar el problema de que uno de nuestros dos frigoríficos era demasiado pequeño para nuestras necesidades. Alice no quería invertir todos sus recursos en comprar un frigorífico más grande. Así que puso a la venta el frigorífico anterior y, con ese dinero, pudo comprar el nuevo, utilizando muy poco del dinero que tenía asignado. Fue creativa, ahorradora y cumplió su misión a las mil maravillas. A menudo utilizo su ejemplo para ilustrar la subsidiariedad en acción.

Dados los diferentes estilos de gestionar las finanzas, al final del año nos quedaba bastante dinero asignado sin gastar. Para una empresa, esto puede ser un problema porque se supone que el dinero asignado debe dedicarse a buscar oportunidades. No gastar lo suficiente puede ser señal de que se han perdido oportunidades. Pero hay que recordar, por lo dicho antes, que gastarlo todo no garantiza que estemos empleando nuestros recursos en las oportunidades adecuadas.

Si analizamos el año pasado, consideramos que nuestros gastos eran adecuados y que simplemente necesitábamos abrir las oportunidades para hacer más. Así que al año siguiente, Petra y yo asignamos un 10% más de dinero del que teníamos, dado que sabíamos que no se gastaría todo. Esto nos permitió dar un poco más a todos, para que pudieran aprovechar más oportunidades cuando surgieran. Es un riesgo calculado que funciona bastante bien.

Dejar atrás las hojas de cálculo

Aunque la herramienta presupuestaria de la hoja de cálculo funcionó bien al principio para la Directora Financiera y otros, en cierto momento nos dimos cuenta de la necesidad de establecer un sistema adecuado. Trabajar con una hoja de cálculo es un desastre. Se puede estropear o corromper. Teníamos que basar nuestro sistema en algo más resistente.

Petra y yo queríamos una solución estándar, a ser posible basada en la nube. Estudiamos paquetes de contabilidad, herramientas de gestión integrada, sistemas expertos y herramientas presupuestarias. Queríamos un sistema que permitiera a cada persona de la empresa gestionar sus propios recursos. También tenía que estar vinculado a nuestro sistema contable, para que cada persona pudiera ver lo que había que gastar y lo que ya se había gastado. Fue decepcionante no encontrar lo que queríamos.

Así que nos planteamos la siguiente mejor opción, que sabíamos que en última instancia podía ser mala. Buscamos desarrollar nuestro propio sistema. ¿Por qué es una mala opción? Porque al crear nuestro propio sistema, tenemos que asegurarnos de que las funciones importantes están ahí junto con las necesarias. Por ejemplo, una función importante es dar flexibilidad a nuestros empleados, mientras que una función necesaria es gestionar los usuarios autorizados. Esto supone un gran proyecto. Desarrollar un sistema interno también es una mala idea porque el mantenimiento del sistema queda en nuestras manos. Con un producto listo para usar, los desarrolladores actualizarán las funciones y desarrollarán características por iniciativa propia. Si hay un fallo, lo resolverán sin que nos demos cuenta. Tener que desarrollar nuestra propia solución era, por tanto, problemático.

Tampoco teníamos tiempo ni recursos para un gran proyecto informático. Afortunadamente, conocíamos a un joven informático lleno de potencial y con verdadero talento, que estaba dispuesto a hacer prácticas con nosotros durante tres meses. Sabíamos que podíamos estar buscándonos problemas, pero era una forma de ir más allá de las hojas de cálculo y quizá conseguir una solución sencilla en la nube.

Petra y yo organizamos una reunión fuera de la empresa para poder dedicar más tiempo a preparar la llegada del informático. Teníamos que definir lo que necesitábamos. Algo que nos permitiera alinear el poder adquisitivo y la responsabilidad de la forma más sencilla posible. Las prácticas sólo duraban tres meses y sabíamos que después tendríamos que mantener el producto nosotros mismos.

Queríamos que el sistema fuera accesible para todo el mundo, de modo que cada persona pudiera coger su límite asignado y dedicarlo a las actividades y proyectos previstos. Cada actividad tendría un código único que se utilizaría para las compras.

Queríamos que los jefes de equipo vieran todas las actividades creadas por las personas de su área.

Los jefes no tendrían que validar ni autorizar las actividades ni el gasto (por supuesto), pero podrían ver cómo se desarrollaban las cosas. Esto es clave para la transparencia, algo fundamental para la subsidiariedad.

Queríamos que esta visión consolidada nos incluyera a nosotros dos, el CEO y el Director Financiero. De un simple vistazo sabríamos cuánto dinero se había asignado, cómo se estaba gastando y en qué punto nos encontrábamos en el año en curso. También queríamos poder verlo todo en una sola página.

Fue un reto mayor de lo que el becario esperaba, pero afortunadamente estuvo a la altura y, durante el tiempo que pasó con nosotros, desarrolló muchas habilidades nuevas. Al final tuvimos un éxito rotundo. Comprendió nuestra filosofía y adaptó algunos aspectos de lo que habíamos propuesto, manteniendo todas las características fundamentales necesarias para la subsidiariedad. Aceptó que estaría disponible para subsanar cualquier error y estar ahí para, al menos, mantener las funcionalidades actuales tal y como estaban.

El becario acabó lanzando una empresa para desarrollar una herramienta presupuestaria, llamada Beyond, construida en torno a esta idea del compromiso de los empleados que había desarrollado para nosotros. Como había prometido, mantuvo nuestro producto, pero a medida que su propia solución maduraba, estábamos más que contentos de cambiar a su programa off-the-shelf, basado en la nube, que tenía todas las funcionalidades que necesitábamos y muchas más.

Buenas prácticas: crear un sistema financiero que apoye la subsidiariedad

La empresa de Ian empezó con una sencilla hoja de cálculo en la que cada empleado con recursos asignados podía organizar sus compras en función de las actividades o proyectos. Este sistema era accesible tanto para los empleados individuales como para los directivos.

Este método también ofrece a los directivos la posibilidad de asumir riesgos calculados en función de las prácticas de gasto de sus empleados. Por ejemplo, Ian acaba de explicar por qué es una apuesta bastante segura para su empresa asignar un 10% más de dinero del que tienen basándose en la cantidad de dinero que sobra de un año para otro. De lo que se trata es de analizar las prácticas de gasto para estar al tanto de posibles oportunidades en el futuro.

Así que en tu organización

- Hazte con una herramienta presupuestaria que garantice

    a. la transparencia en el uso de los recursos financieros
    b. que los empleados puedan vivir con la ayuda de su presupuesto durante todo el año
    c. que la dirección disponga de datos financieros actualizados

- Fomenta el ahorro traspasando el remanente de un año al siguiente en caso de que los empleados no gasten todo lo que se les ha asignado.
- Analiza los datos de este sistema para tomar riesgos calculados a la hora de asignar fondos para años futuros.

Elaboración de presupuestos en un marco de subsidiariedad

Ahora que disponíamos de una herramienta plenamente funcional, Petra tenía que idear una forma de asignar los recursos adecuadamente, evitando al mismo tiempo los escollos presupuestarios que he mencionado antes en este capítulo. Ésta es la solución que adoptamos.

Petra y yo nos reunimos en algún momento de octubre, calculamos si las ventas crecerán o disminuirán durante el próximo año y decidimos si vamos a intentar mantener el mismo nivel de rentabilidad. Tenemos en cuenta los gastos estructurales fijos, que son responsabilidad de Petra. Nuestros ahorros del año en curso junto con los ahorros estimados del año que viene se integran en este total. La cantidad resultante se reparte y se asigna específicamente a cada departamento. En realidad es bastante sencillo. Sorprendentemente, todo el ejercicio de preparación de los presupuestos no lleva más de medio día.

Cuando los jefes de departamento reciben la parte que les corresponde, asignan las cantidades a cada persona de su área. Una vez más, cada jefe tiene su propio estilo. En la mayoría de los casos, reparten lo suficiente entre todos y se reservan algo por si acaso. Algunos asignan lo máximo posible y se reservan muy poco. Otros consideran que las grandes decisiones están en sus manos y, por tanto, asignan cantidades menores a los demás.

En mi caso, pienso utilizar menos de lo que tengo. Si, durante el año, veo que alguno de mis directivos tiene dificultades, dispondré de los recursos necesarios para ayudarle. Me gusta especialmente tener algo reservado para tener la libertad de responder a alguna oportunidad imprevista que pueda surgir.

El proceso presupuestario no termina para nosotros en octubre. Algunas veces a lo largo del año, Petra y yo revisamos nuestras estimaciones. Si las ventas van mejor, eso significa que se puede repartir más dinero entre los distintos departamentos para que lo utilicen.

Nuestro equipo directivo se preguntaba si no sería mejor que pidieran lo que querían, en lugar de recibir más de lo que habían imaginado o menos de lo que consideraban que necesitaban.

Respondimos con la analogía de un salario. Cuando alguien trabaja, recibe un salario. Puede que no sea suficiente para lo que le gustaría hacer, o puede muy bien permitir la posibilidad de reservar dinero para algún gran proyecto. En cualquier caso, es el propio salario lo que permite a una persona calibrar lo que hace. Esto coincide con nuestra idea de dar dinero directamente a los departamentos y a las personas. Tienen una misión y una cantidad disponible para llevarla a cabo. La cantidad asignada les faculta para cumplir su misión, que es su responsabilidad. Por supuesto, Petra y yo podemos equivocarnos a veces en nuestros cálculos, pero en esos casos hay margen para algunas negociaciones marginales. Con algunos años de experiencia a nuestras espaldas, ahora puedo confirmar que nuestra forma de asignar los recursos es una manera rápida y satisfactoria de preparar los presupuestos.

También tenemos un plan B en caso de que nos encontremos con una crisis o una caída de las ventas más fuerte de lo previsto. Necesitamos una forma rápida y eficaz de tomar las decisiones adecuadas para reducir el gasto. Para ello, confiamos en nuestros empleados, que son los que mejor saben dónde se puede ahorrar.

Yo había trabajado antes en una empresa que atravesó tiempos turbulentos. El CEO respondió suspendiendo todos los viajes.

El presupuesto para viajes era bastante elevado, así que suspendiendo esa partida de gastos esperaba capear el temporal. Por desgracia, eligió mal. Aunque algunos viajes no eran imprescindibles, otros sí lo eran para garantizar las ventas, por lo que la empresa sufrió un fuerte descenso de las ventas. Tomar una decisión centralizada parecía fácil, pero resultó nefasto para la empresa.

En subsidiariedad, estamos convencidos de que en caso de ahorrar dinero, los más cercanos a la actividad sabrán qué hacer. Podrían cancelar una de sus actividades o negociar con un proveedor. Si entienden el reto, sabrán cómo afrontarlo.

Buenas prácticas: asignar los fondos respetando la subsidiariedad

Hay que analizar las posibilidades, hacer cálculos de cara al año que viene y luego mantenerse al tanto de la situación a lo largo del año. Parte del esfuerzo implica confiar en sus empleados para aprovechar las oportunidades o determinar recortes específicos si las finanzas lo requieren.

Así que en tu organización

- *Pon fin a las "temporadas presupuestarias" asignando fondos en su lugar.*
- *Revisa tu situación financiera durante el año para evaluar si es necesario hacer ajustes.*
- *Informa a tus empleados cuando haya fondos adicionales disponibles o haya que hacer recortes, pero deja que sean ellos quienes determinen los detalles concretos.*

Conclusión

A lo largo de muchos años de experiencia personal, he sido testigo una y otra vez de los defectos de los sistemas de gestión estándar. Con demasiada frecuencia, los buenos recursos se escapan innecesariamente en detrimento de la empresa. Falta resiliencia en lugar de crecimiento y capacidad para adaptarse a las fluctuaciones del mercado. Cuando me convertí en CEO, estaba convencido de que había una forma más productiva de dirigir la empresa, y la encontré en la subsidiariedad.

Cuando las misiones de tus empleados se alinean con el poder correspondiente para que tomen las decisiones necesarias, entonces se desata un caudal de creatividad, energía positiva y lealtad en toda la empresa. Es una situación en la que todos ganan: por un lado, los empleados son más libres, están más comprometidos, son más productivos y más felices en su trabajo y, por otro, la empresa en su conjunto prospera.

Capítulo Tres

El CEO en Subsidiariedad

Ahora que he superado los 50 años, me sorprende la frecuencia con que mis amigos me preguntan dónde ha ido el tiempo, mientras que yo sigo teniendo la sensación de que el tiempo pasa lentamente. Parte de mi trabajo consiste en intentar aburrirme.

Sí, aburrirme.

Ya he explicado cómo una organización basada en la subsidiariedad reparte la responsabilidad, dejando muy poco peso directamente sobre mis hombros. Como CEO hago lo que puede parecer una pregunta curiosa sobre cualquier trabajo que considero asumir: "Si esto es importante para nuestro negocio, ¿por qué lo estoy haciendo?". Algunas preguntas previas dan sentido a mi planteamiento: "¿No debería ser la organización capaz de ocuparse de esto?". Si la respuesta es afirmativa, entonces debería encontrar la manera de que alguien competente, entusiasta y dispuesto para asumir este reto necesario. De lo contrario, si lo que hago no es tan necesario, ¿por qué lo hago?

Además, si lo que estoy haciendo tiene que dar frutos, eso implicará a menudo trabajo a realizar a lo largo del tiempo. Si respondo afirmativamente a cualquiera de estas preguntas, entonces tengo que encargar este reto a otra persona de la empresa.

Cuando estoy demasiado ocupado, eso es una señal para mí de que algo pasa. Una patología típica de los CEO es estar super ocupados mientras los demás se dedican a perder el tiempo. He trabajado en una empresa así. El CEO y su equipo directivo tenían todo el tiempo ocupado. Corrían de una tarea a otra, firmando autorizaciones, hablando de estrategia, preocupándose por el pasado, el presente y el futuro; mientras tanto, el resto de los empleados con poco trabajo y "fingiendo parecer ocupados" se preguntaban qué hacer. Esperaba horas y horas sólo para poder hablar con el CEO sobre algún asunto urgente que necesitara su opinión y autorización. De hecho, me pasaba el día esperando.

Sólo puedo estar libre cuando todos los demás están ocupados. Mi primera tarea es asegurarme de que todo se está haciendo y de que todos los demás forman parte de la solución. Por eso la aparición del aburrimiento es para mí una señal de que algo va bien. Disponer de tiempo me permite hacer cosas.

Ahora estoy listo para explicar lo que hago.

Buenas prácticas: ¡aceptar que tener tiempo libre va con tu trabajo!

En la descripción de Ian subyace una actitud importante. Tiene la presencia de ánimo y la valentía de permitirse tener tiempo libre mientras procura que los demás estén ocupados. Sin duda, sabe que su punto de vista va en contra de la mentalidad actual sobre lo que constituye el éxito, pero sus razones son sólidas.

Lo mismo puede decirse de tu organización:

- *Tómate tu tiempo para considerar si te convence el punto de vista de Ian y, en caso afirmativo, toma la decisión de actuar de forma similar.*
- *Si decides adoptar un enfoque similar, evalúa tu carga de trabajo a la luz de las responsabilidades propias de tu función utilizando las preguntas de Ian para determinar cuáles deberías conservar:*

1. *¿Necesitarías hacerlo a largo plazo?*

2. Mientras lo haces, ¿estarías indisponible para el resto de la empresa?
3. ¿Te quitaría mucho tiempo?

Si respondes afirmativamente a alguna de estas preguntas, entonces discierne cómo otra persona podría aceptar esta responsabilidad dentro de su misión. (Nota: originalmente había utilizado la palabra "delegar" en esta frase, pero entonces Ian me explicó que delegar no encaja con su concepto de misión. Más bien, las personas aceptan nuevas responsabilidades en sus misiones. De ese modo, tienen la autoridad y el poder necesarios para cumplir adecuadamente lo que se les pide).

Lo que me corresponde como CEO

En primer lugar, las herramientas fundamentales de gestión son de mi competencia. Corresponde al CEO decidir si la empresa es una máquina autocrática de poder efectivo centralizado o una máquina flexible, inteligente, creativa y eficiente. O algo intermedio.

Como saben, la subsidiariedad y el bien común fueron dos de mis opciones. Soy responsable de mantenerlas y asegurarme de que funcionen plenamente.

También debo mantener vivos los valores y principios de gestión. Mi misión es asegurarme de que dispongo de la organización adecuada para que la misión de la empresa pueda cumplirse; pero al igual que los jefes de equipo dentro de la empresa, tengo que asegurarme de que todas mis responsabilidades se distribuyen adecuadamente. Todo lo que hay que hacer debe ser cubierto por alguien de mi equipo, por lo que la organización de mi equipo es fundamentalmente mi misión. Se trata de un proceso continuo: en cualquier momento pueden producirse retoques o cambios; o las circunstancias cambiantes pueden exigir modificaciones más profundas.

El organigrama es una herramienta importante para nosotros. Nos permite plasmar quién hace qué y cómo están organizados los equipos en la actualidad. Como verán, refleja nuestra organización en subsidiariedad, en la que los que tienen más responsabilidad y poder son los que están más estrechamente vinculados con los retos reales.

Los jefes de equipo están ahí para dar el apoyo necesario, y se puede confiar en ellos si los miembros del equipo necesitan delegar en su jefe alguna situación que no puede gestionarse dentro de su ámbito de responsabilidades y poder. Yo, junto con los miembros de mi equipo, tenemos que entender los retos de cada miembro del equipo que se nos ha confiado, para poder servirles de verdad.

Nuestro organigrama tiene forma de árbol. Cada miembro del equipo es como una hoja, mientras que cada jefe de equipo es como una ramita, que da apoyo a esas hojas. Los jefes de equipo son como ramas que dan apoyo a su equipo. Yo estoy en la parte inferior del organigrama, como el tronco de un árbol, para apoyar a todas las ramas.

Cuando presentamos este organigrama a los nuevos empleados, les explicamos que, en un árbol, los que realmente hacen el trabajo son las hojas. Toman la energía del sol y la utilizan para extraer CO_2 de la atmósfera, deshacerse del oxígeno y utilizar los componentes básicos del carbono para fabricar todo lo necesario para el árbol. Para realizar su trabajo, las hojas tienen que estar extendidas para maximizar su exposición a la luz, y las ramitas y ramas están ahí para darles el mayor alcance y el mayor apoyo posible. Las ramas ayudarán a repartir el trabajo de las hojas por todo el árbol y contarán con el apoyo del tronco. Esta imagen de un árbol nos recuerda los valores y la organización de nuestra empresa, espero que apreciados por todos.

Me gusta mantener actualizado el organigrama. Me aseguro de conseguir una foto de los nuevos empleados y actualizo el organigrama. Hacer esto me permite saber quién está en nuestra empresa, quién participa en el reto de nuestra misión.

Otra de mis responsabilidades es asegurarme de que todos en la empresa tengan la oportunidad de crecer. Tener la misma responsabilidad y la misma misión durante demasiado tiempo puede ser estancador. Tras unos años de experiencia, la gente tiene otra perspectiva y mucho más talento. Algunos están ansiosos por asumir nuevos retos. En una empresa pequeña, esto puede ser difícil, ya que hay muchas maneras de reorganizar un equipo. Intento asegurarme de que creamos nuevas oportunidades de trabajo para los empleados actuales, porque queremos mantener a los mejores talentos dentro de la empresa y permitir que ésta crezca, teniendo en cuenta las experiencias únicas de cada persona.

Procuro que todos nuestros empleados sean empleables, de modo que, si alguien desea dejar la empresa, encaje bien en oportunidades atractivas. Si desarrollamos empleados con habilidades demasiado específicas y formas idiosincrásicas de hacer las cosas, permanecerán en la empresa no porque decidan quedarse, no porque aprecien el reto, sino porque es el único trabajo que saben hacer. Algunos de nuestros empleados llevan con nosotros más de 20 años. En mi opinión, no deberían seguir aquí simplemente porque no tienen adónde ir. Deberían quedarse por elección, con voluntad de luchar por su misión.

***Buenas prácticas:** difunde una mentalidad de crecimiento personal en toda tu organización*

Ian aprecia el valor de los empleados que eligen libremente trabajar para su organización. Por eso les anima a desarrollar sus talentos y dones personales y, de este modo, "seguir siendo empleables". Observa también el interés personal que muestra por sus nuevos empleados al aprender sus nombres. Sin duda, todo ello contribuye a crear un entorno de trabajo acogedor, en el que experimentan que se les trata con el respeto debido a las personas.

Así que en tu organización

- diseña y explica un organigrama contigo al final, incluyendo el nombre y la foto de cada uno.

- apréndete los nombres de tus empleados.

- anima a las personas a hacer crecer su diversidad de talentos.

- esfuérzate por crear nuevas oportunidades de trabajo para los empleados actuales.

Asegurarse de que las cosas sucedan

Soy responsable de todos estos aspectos de la organización, pero no me ocupan mucho tiempo. Incluso actualizar el organigrama es divertido y rápido. ¿Qué más hago?

En nuestro grupo tenemos muchas formas diferentes de hacer las cosas. A algunos les gusta hablar y reflexionar, planificar y maquinar, pero a veces les cuesta ponerlo en práctica. Otros se lanzan a la acción y carecen de planificación. Mi reto permanente es asegurarme de que las cosas sucedan. Las ideas pueden abundar, pero las valiosas son las que se hacen realidad. Me interesa mucho llevar las nuevas ideas de la fase incipiente a la aplicación real. Encontrar a la persona adecuada dentro de la empresa o decidir crear un nuevo puesto es un paso importante para que las cosas sucedan. Intentar hacer realidad una idea por mí mismo, haciéndola, es un camino seguro al fracaso. No sólo soy incompetente en muchos casos, sino que si dedico demasiado tiempo a una sola idea no estaré disponible para mi misión general.

Cuando surge una idea, incluso dentro de un equipo, tengo que asegurarme de que no estamos de brazos cruzados. Hacerlo, y hacerlo bien, es crucial.

De vez en cuando, necesito sacudir el statu quo, desafiar las formas de hacer las cosas.

La tecnología es una forma interesante de mantener a la gente alerta. Si siempre hacemos las cosas de la misma manera, dejaremos de pensar en ellas y se perderán oportunidades de mejora.

Por ejemplo, sugiero encarecidamente el uso de herramientas en la nube. Los servidores internos son un punto de fragilidad para las empresas. Aunque estas herramientas son responsabilidad de cada persona, doy una orientación a la cultura tecnológica en nuestra empresa.

Reté a mi equipo a dejar de usar Microsoft Word y a utilizar en su lugar un procesador de textos totalmente basado en la nube. La mayoría se mostró reacia, ya que Word es una referencia básica en el mundo empresarial. Sin embargo, nuestro responsable de procedimientos de calidad aceptó el reto. Tenían cientos de procedimientos actualizados regularmente desde el formato Word. Contrató a un becario durante un par de meses para modificar todos los documentos de Word al nuevo formato en la nube. Unos meses después, cuando el coronavirus asoló el mundo, no ocultó su satisfacción por disponer de un sistema documental totalmente basado en la nube. Nuestros empleados pudieron trabajar desde sus casas, ya que tenían acceso a todos los documentos que necesitaban.

También utilizamos una combinación de herramientas de comunicación. Correos electrónicos, mensajes directos, videollamadas y similares. Había estado mirando Slack, una herramienta de comunicación. No lo entendía muy bien, pero tenía la intuición de que podía ser útil. Un jueves, envié un correo electrónico a todos los miembros de la empresa informándoles de que, a partir de la semana siguiente, dejaríamos de utilizar el correo electrónico o Skype para la comunicación interna. A algunos les entró el pánico, a otros les hizo gracia, y algunos observaron con ironía que esa forma de imponer una nueva herramienta estaba reñida con la subsidiariedad. No les faltaba razón.

Sin embargo, decidí imponerla, ya que mi responsabilidad es asegurarme de que no envejecemos con nuestras herramientas. A veces es necesario un empujón amistoso. En los meses siguientes, la gente descubrió el poder de esta nueva herramienta y la adaptó a sus necesidades dentro de su responsabilidad y poder. Hoy no volverían atrás. Y una vez más, en medio del coronavirus, tener esto totalmente implantado significaba que estábamos totalmente equipados para trabajar desde casa. Esto dio resiliencia a nuestra empresa.

Buenas prácticas: ¡aplicar una mentalidad de crecimiento a la organización en su conjunto!

Es divertido ver cómo las innovaciones de Ian, un tanto desconcertantes, están en consonancia con la subsidiariedad. Sus dos ejemplos del servidor totalmente basado en la nube y la herramienta de comunicación Slack supusieron mejoras para toda la organización, que entra dentro de su esfera de responsabilidad.

Capítulo Tres: El CEO en Subsidiariedad

Así que en tu organización

- ¡Estate atento para hacer que las cosas sucedan!
- Fomenta un entorno en el que las nuevas ideas sean bienvenidas y se lleven a cabo.
- Por tu parte, considera bien qué herramientas servirían para mejorar tu organización en su conjunto y, a continuación, ponlas en práctica. La mejora de la tecnología es un buen punto de partida.
- Sacude el statu quo para instigar el crecimiento y la mejora.

Rediseñar el espacio de oficina

La forma en que trabajamos es otra de mis responsabilidades. Hace tres años necesitábamos nuevas oficinas porque nos estábamos expandiendo. Pensé que tener un espacio abierto nos ayudaría a vivir mejor nuestros valores de transparencia y confianza. Mucha gente era reacia a pasar de una oficina cerrada a un espacio abierto, pero esa fue mi decisión.

Cuando por fin nos mudamos, nos aseguramos de que cada equipo pudiera organizar sus mesas dentro del espacio abierto, para adaptarse a sus propios retos. El espacio abierto representaría una hoja en blanco donde cada equipo podría expresar sus necesidades. Esto permite a los equipos cambiar su forma de reunirse e interactuar.

A lo largo de estos tres últimos años, las mesas se han desplazado, los departamentos se han extendido, y el espacio abierto es el lienzo sobre el que dibujamos nuestra organización. Esta limitación se ha integrado plenamente. Durante el bloqueo por coronavirus, cuando la gente tuvo que trabajar fuera de sus casas, muchos empleados lamentaron la pérdida de la interacción social que ahora estamos acostumbrados a tener en el trabajo.

Como ven, un aspecto de mi trabajo consiste en ser un alterador y proponer restricciones que permitan que crezca la creatividad.

Otra responsabilidad consiste en intentar mantener el pulso de la empresa. ¿Estamos haciendo lo que podríamos estar haciendo? ¿Estamos siendo eficientes y analizando con inteligencia las oportunidades o los retos? ¿Se está estresando demasiado la gente? ¿Hay políticas malsanas en la empresa? ¿Se siente la gente realmente segura y libre dentro de su misión? El mero hecho de estar allí, hablando del tiempo o de temas de actualidad, me ayuda a captar las vibraciones.

Al fin y al cabo, todas estas responsabilidades no suponen una gran actividad, lo cual está bien. Invierto gran parte de mi tiempo en estar disponible para mi equipo.

En nuestra organización, las decisiones se toman sin mí. Suceden cosas y se asumen riesgos sin mi participación. A veces me pregunto si podría irme de vacaciones durante meses y la empresa seguiría funcionando. Sin embargo, desde que empezamos a trabajar por subsidiariedad, la gente ha experimentado la necesidad de recibir información, sobre todo porque pueden pasar semanas sin ver ningún resultado. Necesitan saber si lo que están haciendo es coherente con nuestra misión general. Necesitan confiar en que hay un capitán en el barco, y ese es mi trabajo.

Buenas prácticas: mantener el oído atento dentro de la empresa

En esta sección Ian ha compartido con nosotros lo atento que está a lo que ocurre en su empresa. Quizá no sientas la necesidad de rediseñar el espacio de la oficina como Ian, pero la cuestión es estar atento a las oportunidades, abierto a nuevas formas de hacer las cosas. A través de su lista de preguntas podemos captar el valor de su presencia física entre sus empleados. Se da cuenta de muchas cosas, primero porque está entre sus empleados, y segundo porque se preocupa de observar lo que ocurre a su alrededor. Ian puede hacerlo porque no ha llenado su agenda de responsabilidades que absorben su tiempo, su atención y su energía.

Así que en tu organización:

- Estate atento a lo que ocurre. Las preguntas de Ian pueden ser útiles para saber mejor a qué estás atento:

    - ¿Estamos haciendo lo que podríamos estar haciendo?

    - ¿Estamos siendo eficientes y analizando con inteligencia las oportunidades o los retos?
    - ¿Se está estresando demasiado la gente?
    - ¿Se están produciendo políticas malsanas dentro de la empresa?
    - ¿Se siente la gente realmente segura y libre dentro de su misión?

- Regularmente "toma tu propia temperatura":

    - ¿Tienes la paz interior y el espacio necesarios para ser capaz de darte cuenta de lo que ocurre a tu alrededor?

    - ¿Tu lista de tareas pendientes es tan exigente que absorbe la mayor parte de tu energía y atención? En caso afirmativo, ¿qué puedes eliminar de esta lista para liberarte?

- *Puede ser útil dedicar momentos concretos del día a considerar lo que has observado y si hay algo que hacer al respecto.*

Dedicar tiempo a reunirse con los miembros del equipo

Cada cuatro o seis semanas, tengo una reunión individual con cada uno de los miembros de mi equipo. Ya dure de una a ocho horas, estoy ahí para mi gente. Exploramos sus retos actuales, la situación de su misión, las limitaciones de su equipo y todo aquello de lo que deseen hablar.

Así es como descubro lo que se está haciendo, los procesos de pensamiento que hay detrás de las decisiones, los retos que surgen y la comprensión actual que tienen los empleados de su misión.

Cada persona de mi equipo afronta esta reunión de manera diferente. Algunos se centran en lo que hacen, otros en sus retos, otros en sus equipos. Mientras tanto, yo soy un tronco de árbol que proporciona apoyo. Soy una caja de resonancia para nuevas ideas, dudas y ambición. También tengo que desafiar, persuadir y animar.

Al final de nuestras reuniones, cada persona debe sentirse animada a proseguir su misión, sabiendo que cuenta con mi respaldo como CEO, que sus acciones participan en nuestra misión global y que puede expresar realmente todos sus talentos.

Algunos ejemplos de reuniones individuales

He escogido los siguientes ejemplos para ilustrar la variedad, riqueza y amplitud de nuestras reuniones individuales, y cómo se adaptan a la personalidad, el conjunto de habilidades, la experiencia y, sobre todo, la misión de cada persona.

Capítulo Tres: El CEO en Subsidiariedad

Mi reunión más larga será siempre con Fiona, que llegó a ser responsable de desarrollo de mercado, y que tiene uno de los grupos más grandes de la empresa. Ha organizado su grupo en diferentes equipos por países y proyectos. Estos equipos tienen distintos retos relacionados con diversos países.

Durante nuestras reuniones, Fiona me pone al corriente de lo que se está haciendo, y luego exploramos juntos las opciones que se han tomado. Estamos en un sector en el que los demás actores son enormes multinacionales que moldean la narrativa sanitaria. Por tanto, Fiona tiene el reto de ser la menos favorecida y dirigir un potente equipo multicultural. Piensa mucho. No deja de preguntar a los miembros de su equipo por qué toman determinadas decisiones. Necesita planificar bien para asegurarse de que las cosas se hacen con inteligencia. Como todos nosotros, trabaja con las ventajas y los retos de la subsidiariedad.

Fiona compartirá conmigo sus reflexiones sobre los jefes de su equipo. Al tiempo que reconoce sus retos, intenta ayudarles a comprender el panorama general y a confiar en sí mismos. A menudo mantenemos largas discusiones sobre la subsidiariedad, especialmente cuando Fiona piensa que las cosas deberían hacerse de otra manera. A menudo Fiona tiene que intentar convencer a su gente de que sean menos ambiciosos, pero más minuciosos en lo que piensan hacer. Ella les ayuda a pensar las ideas, a comprender y a aumentar la eficacia de lo que se está haciendo.

Para Petra, nuestra jefa de finanzas, las reuniones tienen una forma distinta. Al principio se mostraba reacia incluso a celebrar estas reuniones formales individuales, dado que a menudo busca mi opinión inmediata. Sin embargo, con el paso del tiempo, pidió tener al menos una reunión de este tipo cada pocos meses. Yo estaba encantado, ya que no quiero imponer a nadie reuniones no deseadas. En la actualidad, mantenemos reuniones individuales con regularidad.

Petra repasa todos los asuntos de actualidad para asegurarse de que estoy al corriente de lo que ocurre. Le gusta que exploremos soluciones a las situaciones más delicadas. Petra es consciente de que cada miembro del equipo tiene puntos fuertes y débiles, puntos ciegos y expectativas específicas. Tener a la persona adecuada en el lugar adecuado es un reto permanente, sobre todo en un entorno multinacional complejo que hace más pesadas las cuestiones administrativas.

No es de extrañar que mis reuniones con Lucas, nuestro jefe de producción, sean extremadamente estructuradas y eficientes, ya que tiene mentalidad de ingeniero. Suelen durar poco más de una hora. Antes de cada reunión, me envía un informe completo que incluye la última actualización de las métricas. De una reunión a otra, modifica los datos y el cuadro de mandos. Lucas tiene incluso métricas sobre subsidiariedad.

La producción es menos mi especialidad, así que me limito a desafiarle en cuestiones de gestión y lógica. Aunque Lucas ya aplicaba la subsidiariedad antes de que se implantara en toda la empresa, ahora experimenta la libertad de compartir responsabilidades que creía que tenía que reservarse para sí, y de reunirse con cada miembro de su equipo de producción para hablar de su misión particular. Lucas aprovecha al máximo las reuniones para entender lo que ocurre en la empresa y conocer las necesidades de producción.

En una ocasión, Lucas empezó su reunión afirmando: "He fracasado en mi misión". Era cierto, habíamos sufrido el desabastecimiento de un par de productos. Por lo tanto, explicó que había estudiado por qué había sucedido y qué estaba poniendo en marcha para evitar que volviera a ocurrir. También le hice ver que a veces se doblegaba para ayudar a algunos colegas y lo hacía en detrimento de su propia misión. En este caso había esperado pacientemente a otro departamento cuando debería haber sido más enérgico.

A menudo, cuando detecto deficiencias, o me entero de que uno de mis jefes está haciendo algo mal, suelo esperar a nuestra siguiente reunión individual para plantearlo. Por ejemplo, una de mis jefas presionaba demasiado a su equipo. Cuando me senté con ella, empecé preguntándole por su equipo y me di cuenta de que no era consciente de la situación. Entonces le dije que podía estar pasando algo y la animé a que lo tuviera en cuenta. A partir de ese momento fue un reto continuo ayudarla a tomar conciencia de cómo su estilo estaba afectando a su equipo. Ser capaz de dar un feedback negativo de forma constructiva es una parte importante de ser directivo.

Durante nuestras reuniones también solemos explorar los retos que pueden tener algunos de los miembros de su equipo. Siempre escucho con mucha atención cómo el directivo habla de una persona. Hay una delgada línea entre criticar y ver los puntos débiles. En el primer caso, hay un sentimiento de superioridad y se minimizan las capacidades de la persona; en el segundo, se trata de evaluar objetivamente cómo encontrar la manera de que una persona exprese todo su potencial, sea cual sea.

El ritmo concreto de las reuniones individuales depende de cada persona. Por ejemplo, durante un tiempo me reuní con Peter casi semanalmente, cuando era el jefe de nuestro equipo de investigación y desarrollo de proteínas. En nuestros esfuerzos por ampliar el negocio, habíamos acordado con él que exploraría áreas de diversificación en el mundo de la biotecnología, ya que lo conocía muy bien. También habíamos ofrecido a Peter la posibilidad de obtener un MBA. Mientras Peter estudiaba y estudiaba las posibilidades, nos reuníamos normalmente cada seis semanas, pero cuando Peter estaba terminando su MBA, se centró en una idea concreta de puesta en marcha de diagnóstico con ADN. Dada la necesidad de ponerse en marcha, nuestras reuniones individuales pasaron a ser cada una o dos semanas. Peter necesitaba un feedback rápido, dadas las urgencias que iban surgiendo.

Buenas prácticas: dedica el tiempo necesario a las reuniones individuales con los miembros de tu equipo

La descripción que hace Ian de lo que implican estas reuniones tiene mucho contenido. Ian ha liberado su tiempo para poder estar disponible todo el tiempo que sea necesario en estas citas periódicas. Aquí es donde tiene la oportunidad de influir adecuadamente en sus subordinados directos. Podemos imaginar que los miembros del equipo de Ian experimentan a alguien con quien pueden contar para retarles y animarles en su trabajo, al tiempo que siempre les deja un respiro para tomar sus propias decisiones.

Así que en tu organización
- Transmite el mensaje de que estarás disponible en estas reuniones individuales periódicas durante el tiempo que los miembros de tu equipo necesiten.
- Deja que cada uno de los miembros de tu equipo decida el orden del día de estas reuniones y aceptes lo que propongan.
- Recuerda que debes ser paciente durante el primer periodo de creación de confianza. Con el tiempo, es probable que los miembros de tu equipo pongan más puntos sobre la mesa, y más significativos.

Entender el mundo y estar alerta

Mis reuniones individuales ocupan aproximadamente el 25% de mi tiempo. Así que sigo estando disponible para otros asuntos.

Un aspecto importante de mi trabajo es estar alerta. Nuestro mundo está en constante cambio, las expectativas de los pacientes y los profesionales de la salud son cambiantes, la ciencia se considera la nueva vara de medir la verdad y la falsedad, e incluso las fake news afectan a mucha gente. Evidentemente, el nuevo episodio del coronavirus está cambiando radicalmente el mundo de la salud.

Cada año intento reflexionar sobre temas que pueda explorar y poner en práctica. Uno de ellos es cómo trabajar con la subsidiariedad. Otro es ver cómo el bien común puede ayudar a la empresa. Llevo dos años trabajando para intentar comprender cómo se pueden cambiar las percepciones sobre la salud y la medicina, dado que somos un reto.

El año pasado, mi proyecto anual era compartir mi experiencia sobre la subsidiariedad, de ahí este libro.

Me esfuerzo por comprender tendencias y situaciones. Una forma de hacerlo es participar en acontecimientos ajenos a nuestro trabajo cotidiano. Me pongo deliberadamente en situaciones nuevas o diferentes en las que no entiendo lo que está pasando. Por ejemplo, participé en varias conferencias, talleres y organizaciones, como una conferencia sobre blockchain, solo para recoger nuevas ideas; un taller de medicina integrativa italiana; y el trabajo normativo sobre biomimética durante unos años. Esto me obliga a ampliar mi razonamiento y comprender otro aspecto del funcionamiento del mundo.

Mantener la visión de conjunto

Investigo si hay oportunidades más allá de nuestro entorno habitual. Sigo las noticias y trato de entender lo que ocurre. Por desgracia, las noticias son con demasiada frecuencia una visión predigerida y engañosa del mundo.

Otras formas de enterarme de lo que pasa en el mundo y descubrir nuevas oportunidades son los blogs, podcasts, vídeos, etc. La gente de mi lista de podcasts me desafía y me ayuda a entender el mundo en constante cambio en el que vivimos.

Intento tener una red de personas para escuchar sus ideas y descubrir nuevas perspectivas. Estos amigos con diferentes puntos de vista en numerosos países y diversas industrias, son accesibles a través de una simple llamada o algún tipo de medio social. Permiten un rico intercambio de ideas y evitan que caiga en una comprensión simple y unidimensional del mundo. El amplio contraste permite captar oportunidades y tendencias.

Comparto estos pensamientos, descubrimientos y preguntas con mi equipo directivo. Cuento con su opinión y, al mismo tiempo, les animo a seguir buscando oportunidades. Por ejemplo, cuando viajo y visito una planta de producción, vuelvo y comparto mis pensamientos y experiencias con nuestro director de producción. No se espera que ponga en práctica nada concreto, pero esta aportación le ayuda a seguir pensando y a perfeccionar los métodos que utiliza para cumplir su misión.

Tener en cuenta las burbujas narrativas

Uno de los mayores retos para comprender el mundo es nuestra propia burbuja narrativa personal, que es nuestro medio de entender el mundo. Nos permite a cada uno darnos cuenta de dónde venimos a través de nuestra historia personal, y reconocer qué cambios se produjeron para llevarnos a nuestra situación actual. Inconscientemente creamos filtros para comprender la actualidad e ilustrarnos sobre las posibilidades que tenemos ante nosotros. Algunas pueden ser emocionantes y motivadoras, pero otras pueden parecer peligrosas y amenazadoras.

Estas narrativas están omnipresentes en toda la sociedad. Cualquiera que sea el periódico, revista o medio de comunicación, ninguno de ellos se limita a dar hechos. Los hechos se enmarcan en un contexto que ilustra su propia narrativa.

Si los medios son de izquierdas, existe una visión de un mundo oprimido en el que las víctimas son explotadas. Aprenderemos sobre las víctimas y cómo son maltratadas.

Si los medios de comunicación son de derechas, hay una actitud de obtener el éxito a través del propio esfuerzo. En ese caso, nos contarán historias sobre personas que se han hecho a sí mismas y otros aspectos de la economía o la política que ilustran su visión del mundo.

En ambos casos se tratarán principalmente asuntos como la moda, el deporte o la comida si pueden ilustrar de alguna manera su visión del mundo.

Incluso en este libro, elijo los ejemplos según la narrativa que me convence. Intento explicar las ventajas de la subsidiariedad, el bien común, la resiliencia y la importancia de una estrategia flexible y polifacética.

Percibir el mundo como burbujas narrativas superpuestas es en sí mismo una burbuja narrativa. Podría explicar la historia de las ideas, cómo los recientes cambios tecnológicos y la velocidad de difusión de las ideas nos han llevado a este estado actual, en el que todo el mundo tiene una plataforma para defender su visión del mundo. Aunque estamos recibiendo un manantial abierto y rico de ideas, ya no tenemos acceso a los hechos simples, y por tanto somos susceptibles de ser arrastrados por la siguiente ideología dominante.

Hace unos años, participé en una reunión pacífica de un par de cientos de miles de jóvenes. Era agradable y amistosa, con gente de todo el mundo, sobre todo boy scouts.

Un equipo de periodistas se nos acercó y nos explicó que su editor les había enviado expresamente para buscar ejemplos de violencia y peleas. Llevaban horas buscando sin éxito. Así que nos preguntaron si sabíamos de algún lugar donde estuviera ocurriendo algo malo. Tenían una historia, una narración que ilustrar, y trataban desesperadamente de encontrar hechos que se ajustaran a su punto de vista.

Las burbujas narrativas no son una tergiversación del mundo, sino la realidad en la que cada uno de nosotros vive. Comprender este contexto nos permite encontrar oportunidades dentro de la narrativa, así como oportunidades más allá de ella. Soy consciente de las burbujas narrativas cuando leo las noticias, por lo que intento separar los hechos de la historia que se cuenta. A menudo investigo si lo que se cuenta es una tendencia real o algo que se está fomentando deliberadamente.

Dedico gran parte de mi tiempo libre a tratar de entender el mundo y cómo lo entendemos cada uno de nosotros. Me interesan las tendencias en las que mi empresa puede ser útil. Por ejemplo, se están desarrollando nuevas narrativas sobre la elección del paciente. ¿Deben los pacientes participar en el tipo de salud que tienen? Eligen ser veganos. En una línea similar, ¿podrían elegir qué medicamentos quieren?

Buenas prácticas: mantener el oído fuera de la empresa

Ian no sólo observa de cerca lo que ocurre dentro de su organización, sino que también está atento a lo que sucede en el mundo. Gracias a esta práctica surgen nuevas perspectivas y oportunidades para su empresa. Obsérvese que su trabajo tiene dos vertientes: en primer lugar, dedica tiempo y atención a captar tendencias y, en segundo lugar, hace el ejercicio de considerar cómo éstas podrían ser oportunidades para su empresa. Y no trabaja solo. Ian comenta sus observaciones e ideas con los miembros de su equipo.

Así que en tu organización

- *Reflexiona sobre si empleas medios suficientes para mantenerte informado de lo que ocurre "ahí fuera". Conviene enriquecer la información utilizando diversas fuentes y puntos de vista.*
- *Identifica tu propia burbuja narrativa e intenta salir de ella.*
- *Aplica tus habilidades de pensamiento crítico para detectar las narrativas de las fuentes de noticias y haz tus deberes para llegar al fondo de las tendencias aparentes. ¿Son reales o se están creando?*
- *Dedica tiempo a considerar cómo puedes extraer las mejores ideas y oportunidades para tu trabajo a la luz de los acontecimientos mundiales.*
- *Comparte tus observaciones e ideas con los miembros de tu equipo.*

El juego del Go

Cuando era más joven, me gustaba jugar. Son una forma de poner en práctica las habilidades, el pensamiento y la reflexión, y ver los resultados en poco tiempo. Jugué muchas horas al videojuego "Age of Empires". El jugador empieza con una civilización sencilla y pocos recursos y tiene que hacer crecer la civilización para dominar el mundo. En una o dos horas, se puede desplegar una estrategia y el jugador pone en práctica una táctica para reunir la combinación adecuada de recursos y el equilibrio correcto de personas en su civilización. Aunque se trataba de una representación muy burda de la vida, me permitía explorar distintas opciones y obtener información en tiempo real.

El antiguo juego de Go chino estructuró mi visión del mundo. Ganar no consiste en atacar al oponente, sino en cubrir más superficie del tablero que el otro. El tablero de juego tiene 361 intersecciones, que representan el infinito del mundo. El juego consiste en colocar piedras negras o piedras blancas, con un color asignado a cada jugador. Ninguna piedra es más fuerte que otra. Por turnos, cada jugador coloca una piedra en una de las intersecciones. Las piedras se pueden colocar en cualquier lugar del tablero donde haya una intersección libre, pero una vez colocadas no se pueden mover. La importancia de cada piedra depende de las que estén cerca. Muchas piedras juntas pueden formar una cadena para limitar un territorio reclamado por el jugador.

A medida que se desarrolla el juego, algunas piedras adquieren más valor, mientras que otras se abandonan. Al principio del juego, es imposible predecir cómo acabará la partida, pero los buenos jugadores detectarán patrones e invertirán más piedras donde el potencial de ganancia sea más probable, así como abandonarán las piedras que ya no sirvan. También hay que colocar piedras que creen oportunidades más adelante en la partida.

Utilizo el modelo del Juego Go para desarrollar estrategias y crear oportunidades. Cuando una idea necesita difundirse, o una oportunidad tiene potencial para desarrollarse, requiere piedras de apoyo. Incluso antes de que exista la oportunidad o la idea, el mero hecho de estar ahí puede ser una forma de fomentar una oportunidad.

Algunos CEO tendrán un modelo del mundo más enfrentado, como el juego del ajedrez. Hay que conquistar mercados y vencer competidores. El juego del Go, en cambio, reconoce que la diversidad existe y que la coexistencia es la realidad de la vida.

Lo que me gusta del juego Go son sus infinitas posibilidades. Al intentar hacer del mundo un lugar mejor, una estrategia totalmente definida no funcionará. El presente está lleno de parámetros cambiantes que causan estragos en los planes mejor definidos. La idea del infinito ilustra la incertidumbre. El mundo está lleno de acontecimientos y personas que cambian constantemente las reglas del juego. Por eso es primordial seguir adaptándose y mantener abiertos múltiples frentes.

El futuro siempre es incierto, por lo que la expresión "niebla de guerra" encaja con la mayoría de las iniciativas mientras se están gestando. A medida que el futuro se convierte en presente, y los sucesos inciertos en acontecimientos probables, descubrimos un paisaje de nuevas oportunidades y nuevas situaciones.

Impulsar la estrategia de diversificación (un aspecto importante de la resiliencia)

El mundo es un lugar cambiante. Las oportunidades de hoy pueden no dar los resultados deseados; mientras que las dudas de ayer pueden conducir al próximo éxito. Una buena estrategia significa mantener muchos frentes abiertos a la vez, como las piedras del tablero de Go. Nuestra empresa intenta mantener muchas iniciativas en paralelo. Cada una aporta el potencial de establecer un nuevo territorio, con todos cooperando en la expansión.

La estrategia de diversificación coincide con la expresión de no poner todos los huevos en la misma cesta. La idea es que las iniciativas estén repartidas y preparadas para crecer, y al mismo tiempo sean fáciles de abandonar, para que los implicados puedan pasar rápidamente a otra cosa. Es la diversificación de oportunidades. Como CEO, pido a los empleados que mantengan abiertas sus opciones y prueben, prueben de nuevo.

Nuestra organización en subsidiariedad es especialmente adecuada para la estrategia que seguimos. Las personas son libres de aplicar las estrategias locales que consideren oportunas. La transparencia y el flujo de datos dentro de la organización permiten a cada uno adaptar sus actividades e iniciativas. La descentralización de la toma de decisiones permite adaptarse a la realidad sobre el terreno. El derecho al fracaso permite poner una piedra hacia algunas oportunidades tentativas, y seguir adelante si no dan fruto.

Un escollo para algunos CEO es tener una estrategia favorita en la que invierten todos sus esfuerzos y se vuelven ciegos ante otras oportunidades. ¿Qué ocurre si eligen la estrategia equivocada?

Una empresa de nuestro sector estaba experimentando un descenso de las ventas. Contrataron a algunos de los mejores consultores para analizar la situación y llegaron a la conclusión de que les estaban afectando las noticias falsas. Cuando su inversión en una presencia en línea para invertir la tendencia resultó infructuosa, el CEO fue sustituido, ya que no había ningún otro plan en marcha.

Reconocemos claramente que no sabemos qué funcionará. Creemos en nuestras iniciativas y les dedicaremos la energía suficiente, pero somos conscientes de que muchas iniciativas no serán tan rompedoras como desearíamos.

Un ejemplo tiene que ver con nuestra necesidad de que los médicos entiendan nuestra terapia. Por eso nos esforzamos en enseñarla de todas las formas posibles: online y offline, con seminarios, con grupos de médicos que comparten sus ideas, a través de publicaciones, en hospitales, con clínicas privadas, etc.

Una iniciativa que funcionó extraordinariamente bien fue compartir nuestra terapia en clínicas privadas. La oportunidad surgió cuando una doctora de una de estas clínicas se puso en contacto con nosotros. Mientras la formábamos, conocimos a bastantes colegas suyos que también estaban deseosos de aprender. Así descubrimos que estas clínicas necesitaban terapias originales y vanguardistas que proponer a sus pacientes. Los médicos estaban más que encantados de poder integrar nuestra terapia dentro de sus estrategias propuestas.

Recorremos muchos caminos, tenemos varios pequeños éxitos y de vez en cuando tenemos la suerte de encontrar una nueva vía importante. Cuando surge una oportunidad prometedora, los empleados son capaces de añadir recursos y reasignar su tiempo y esfuerzo para hacerla prosperar.

Como CEO, mi trabajo consiste en aprovechar el potencial de nuestras oportunidades y apoyar las iniciativas, defendiendo el área de responsabilidad de cada persona y manteniendo la subsidiariedad.

A través de la cultura de la empresa, animo a la gente a evitar las soluciones únicas. En cambio, se les estimula a explorar, hacer intentos, fracasar, probar otra cosa y luego continuar y desarrollar lo que sí funciona.

Buenas prácticas: *Determina tu estrategia clave, como la diversificación, y comunícala adecuadamente.*

Ian ha explicado cómo no poner todos los huevos en la misma cesta. Una empresa subsidiaria ya permite la diversificación porque hay muchas mentes libres para aportar ideas y responder a los nuevos retos. Además, ha creado un entorno de trabajo en el que se espera que los empleados diversifiquen. Suena como un lugar lleno de vida.

Así que en tu organización:

- *Reflexiona sobre si tienes alguna estrategia que te retiene a ti y a tu organización.*
- *Transmite a tus empleados lo que esperas de tu estrategia clave. Por ejemplo, si se trata de la diversificación, comunícales que deben:*

  - *buscar soluciones múltiples,*
  - *ser creativos,*

- *adaptarse a las circunstancias cambiantes y dejar de aprovechar las oportunidades,*
- *asumir riesgos calculados.*

Ayudamos a contratar a las personas adecuadas

Buscamos personas, no diplomas. En mi opinión, la contratación es una de las tareas más difíciles del mundo empresarial. Las implicaciones que se derivan de a quién contratamos tienen un impacto tan grande en lo que podemos hacer como empresa.

No participo en todas las entrevistas ni conozco de antemano a todas las personas que se incorporarán a la empresa. La contratación no es responsabilidad mía ni de recursos humanos. Hemos hecho intencionadamente que cada jefe de equipo sea responsable de la contratación en su equipo, así como del desarrollo profesional de las personas de su equipo. Deben asegurarse de que las personas contratadas por nuestra empresa consiguen expresar todo su potencial como personas.

Algunos me piden mi opinión a la hora de contratar y yo se la doy encantado. Saben que la decisión final es suya, aunque yo acabe teniendo serias reservas sobre un candidato.

El siguiente es un ejemplo típico de mi participación en el proceso de contratación.

4 de la tarde. El candidato ha llegado y ha sido recibido hace unos minutos. Ahora está en una sala de reuniones esperando a ser entrevistada por tercera vez. Es una joven y brillante doctora que acaba de terminar su doctorado. Mary ha sido preseleccionada como candidata para nuestro departamento de comunicación. Hoy intentaré formarme una opinión sobre sus valores humanos.

Capítulo Tres: El CEO en Subsidiariedad

Durante una entrevista probablemente le pregunte: "¿Por qué quiere trabajar para nosotros?".

Espero oír que han investigado sobre la empresa, aprecian nuestros valores, les entusiasma nuestra misión, quieren hacer del mundo un lugar mejor y creen que tienen el conjunto único de aptitudes que se ajusta a nuestras necesidades. Con demasiada frecuencia, recibo la respuesta de que quieren trabajar para nosotros porque están motivados. La motivación puede ser voluble. En algunas empresas, puede desaparecer en una semana. Sabemos que la motivación es importante, así que siempre intentaremos mantenerla viva, pero eso exige un esfuerzo continuo por parte de la empresa.

No me preocupan los conocimientos técnicos de la persona para la misión. Si un candidato ha llegado tan lejos en el proceso de entrevista, doy por sentado que tiene la competencia y el potencial para lo que necesitamos. Intento evaluar si el candidato tiene potencial para escuchar, comprender y adaptarse a una situación. También intento discernir si compartimos valores como el bien común y si la persona será capaz de adaptarse a nuestro modelo de subsidiariedad.

Mi primera pregunta es: "¿Quién eres Mary?". Mary duda. Se da cuenta de que no le estoy preguntando algo típico como qué ha hecho antes o de dónde es. Es una pregunta más fundamental. Pregunta: "¿Qué quiere decir? ¿Quiere saber sobre mis estudios o lo que he hecho?".

Hace bien en empezar con una pregunta, intentando aclarar lo que se le ha preguntado. No salta impulsivamente por el primer camino que ve abierto.

En esta entrevista, voy a explorar su capacidad de comprensión, de reacción en situaciones de estrés, su apertura a los demás y si podría encajar en nuestros valores y nuestro sistema de gestión.

Causar estrés no es un gran reto para mí. Como CEO, se me percibe erróneamente como la persona con derecho de vida o muerte sobre el empleo potencial de alguien (aunque sólo soy un asesor en este proceso). Tampoco me esfuerzo mucho por ser amable durante las reuniones de contratación.

Hago muchas preguntas que sólo requieren respuestas breves, pero es posible que deje que las respuestas se prolonguen durante un rato. En una ocasión, alguien habló durante casi media hora sólo con mi primera pregunta. Fue un discurso que no reflejó bien a esa persona porque no dio señales de necesitar escuchar y entender.

Algunos candidatos vienen bien preparados con respuestas a preguntas capciosas, como "¿Cuál es su mayor defecto?". Evito dar a los candidatos la oportunidad de pintar imágenes irreales de sí mismos. Mis preguntas se mantienen deliberadamente lo menos relacionadas posible porque no quiero que el candidato adivine lo que estoy buscando en cada momento.

En primer lugar, intento detectar si la persona realmente escucha las preguntas y las entiende. Es sorprendente la cantidad de gente que no sabe escuchar. Si empiezo a oír respuestas genéricas o que se desvían del tema, intento varias veces simplificar las preguntas. Cuando llego a la conclusión de que el candidato probablemente no acabará trabajando con nosotros, aflojo y me vuelvo más amable, mientras que a los que responden de forma interesante y pertinente, los mantengo bajo presión.

Le hago a Mary una de mis preguntas típicas: "¿Hay alguna idea que defiendas que no esté generalizada en la sociedad?".

Es difícil responder a esta pregunta porque estoy pidiendo al candidato que revele un aspecto que podría ser polémico y yo no digo de qué lado estoy (si es que tengo un lado).

Mary reflexiona en silencio sobre la cuestión.

Si Mary aún no sabe quiénes somos, pero propone algo que no es políticamente correcto, se arriesga. Puede ofendernos, parecer algo excéntrica o extremista. ¿Se dirige a un público amistoso o no? Por otro lado, si ofrece algo convencional, se mantiene en terreno seguro, aunque habrá evitado la pregunta. A mí me queda la duda de si ha entendido la pregunta, si no tiene opiniones firmes o si está moldeada por la prensa dominante y fuentes equivalentes.

Una vez hice esta pregunta a una persona que respondió con confianza con algunas reflexiones muy genéricas, demostrando así que no había entendido la pregunta, y menos aún las trampas. Me pregunté si no sería debido al lenguaje, así que reformule la pregunta, intentando explicarle que podía haber algunas trampas y sugiriendo que reconsiderara su respuesta. Me dio las gracias y volvió a responder de una manera que no venía al caso.

En su caso, consiguió el trabajo, aunque yo había expresado mi reserva por el hecho de que no parecía entender las preguntas y el contexto. Pero tenía un currículum brillante y buscábamos urgentemente a alguien con su perfil. Desgraciadamente, tuvimos que despedirla un año después, porque le costaba demasiado entender nuestros retos y nuestra situación particular.

Mary nos ofrece su respuesta: "No creo en el sistema educativo para niños pequeños. No creo que sea buena idea enviarlos a la escuela demasiado pronto. Los bebés sin sus madres durante los primeros meses o años de vida no es una buena idea. Si tienen que ir a la escuela, el entorno debe ser lo más parecido posible a una familia y un hogar".

Me pareció una respuesta atrevida. Es una mujer joven, que tiene dos hijos y podría tener otros, y es lo bastante valiente como para expresar su opinión sobre su educación. Además, ha elegido una zona en la que el sistema educativo general envía a los niños a la escuela o a la guardería a una edad cada vez más temprana, aunque cada vez hay más partidarios de la educación alternativa. Me gusta su respuesta. Demuestra valentía, responsabilidad como madre y conocimiento de la actualidad.

Mary no puede decir si creo que ha respondido bien o no. Permanezco impasible y sigo desafiandola.

Quiero observar sus niveles de valentía y compromiso, su capacidad para defender una idea y resistir el estrés. La entrevista continúa. Hasta ahora, mi impresión de Mary es bastante positiva, pero aún quiero observar su coherencia. ¿Se contradice? ¿Mide bien el impacto de lo que dice? Esto puede ocurrir con las personas que se mienten a sí mismas. Lo que piensan y lo que creen que hacen a veces no concuerdan.

Algunas de las contrataciones más difíciles son las de comerciales, personas que han sido entrenadas para captar nuestras emociones, hacer cosquillas a nuestro intelecto, teclear nuestras motivaciones y llevarnos adonde quieren que vayamos. Pueden utilizar su habilidad en una entrevista, vendiendo a los reclutadores lo que quieren ver, y no lo que tienen delante.

Por eso intento ocultar mis emociones o motivaciones y no dar pistas. Si los candidatos pueden leerme con facilidad, algunos intentarán ofrecerme lo que creen que quiero oír, y así me dificultarán hacerme una opinión adecuada de la persona.

En una ocasión, me pidieron que participara en la tercera entrevista. Me encontré con un vendedor brillante, pero sentí que algo no iba del todo bien. Mi conclusión personal fue que podría haber problemas con él, ya que parecía ocultar cosas. Me pregunté si tendríamos un problema de confianza y transparencia. Estaba dispuesto a dar mi opinión a la jefa de equipo, pero cuando por fin salió de la entrevista ya había ofrecido el puesto al candidato. Dada la subsidiariedad, era su decisión, pero él había conseguido cerrar el trato antes de que ella pudiera recibir la aportación que había solicitado. Esta persona acabó trabajando para nosotros sólo seis meses. Se marchó cuando nos dimos cuenta de que abusaba de sus viajes de negocios para sus proyectos personales. Mientras tanto, el jefe de equipo aprendió una dolorosa lección sobre contratación.

Pero también ocurre a la inversa. Había un candidato sobre el que tenía serias dudas de que se adaptara al equipo existente. El jefe de equipo escuchó lo que dije, pero se arriesgó de todos modos. Fue una buena decisión, ya que ese candidato sigue con nosotros muchos años después y ha aportado nuevas habilidades al equipo.

Llegamos al final de la entrevista de Mary. Le pregunto si cree que he hecho las preguntas adecuadas para formarme una opinión correcta de quién es.

Me gusta terminar con ese tipo de preguntas. Así se entiende el proceso. ¿Tiene Mary capacidad de análisis? ¿Cuáles son sus filtros para entender este proceso?

A lo largo de mis muchos años de entrevistas, ha habido una serie de respuestas interesantes a esta pregunta. A veces, el candidato evalúa las preguntas una por una, repasándolas como si fueran una lista de la colada. A veces dicen: "Pero yo esperaba que me preguntara por mis puntos fuertes y débiles". Inmediatamente les invito a que me den la respuesta que tenían tan bien preparada. Algunos verán el humor de esta situación, otros se morderán la lengua y otros serán ajenos a la ironía de la situación y simplemente acatarán.

> Mary responde: *"No me esperaba esas preguntas, pero creo que me han dado la oportunidad de hablar de quién soy. Espero no haberle escandalizado con mi respuesta sobre los niños".*

> *Mi última pregunta suele ser: "¿Tienen alguna pregunta para mí? Soy el CEO de esta empresa, así que tal vez haya algo que le gustaría saber".*

A menudo, las respuestas me decepcionan. He ocultado mi juego durante la entrevista, y ahora ofrezco un vistazo entre bastidores. Una entrevista tiene dos vertientes: no sólo la empresa busca a alguien con quien trabajar durante los próximos años, sino que la persona debe buscar una organización que aprecie y que encaje con su personalidad.

> *Mary empieza con la típica respuesta: "Bueno, ya he hecho todas las preguntas que tenía en mis entrevistas anteriores, así que en este momento no tengo ninguna pregunta en particular". Luego hace una pausa y dice: "Me gustaría escuchar su propia respuesta a una de las preguntas que me ha hecho: ¿Hay alguna idea que usted defienda que no esté generalizada en la sociedad?".*

Eso me gusta. Ha aceptado el reto. Y aunque ha pasado por una experiencia estresante, es capaz de responder.

> *La entrevista ha terminado. Me despido y salgo de la sala, dejando al candidato con el jefe de equipo.*

El jefe de equipo estaba allí para mirar y observar. Normalmente, permanece en silencio todo el tiempo, para observar al candidato más de cerca. A veces, necesitan tranquilizar al candidato una vez que me he ido.

> *Un poco más tarde, el jefe de equipo y yo nos reunimos para compartir nuestras opiniones. En el caso de Mary, me ha impresionado positivamente. Creo que se adaptará bien. Puede que sea un poco impulsiva, pero lo más probable es que consiga hacer las cosas.*

Buenas prácticas: en el proceso de contratación, intenta evaluar si el candidato encajaría con los valores de tu organización.

En el caso de Ian, identifica lo que busca: el potencial de la persona para escuchar, comprender y adaptarse a una situación, junto con sus posibilidades de adaptarse al modelo de subsidiariedad, que incluye los valores del bien común y la resiliencia. Ian también especificó que sólo ayudará en el proceso de contratación si se lo piden: por muy importante que sea, entra dentro del ámbito de la subsidiariedad.

Así que en tu organización

- *Haz que cada directivo sea responsable de contratar, formar y ofrecer oportunidades de desarrollo a las personas de su área. También deben despedir cuando sea necesario.*
- *Transmite tu interés y disponibilidad para ayudar en el proceso de contratación, pero no presiones. Recuerda que en la subsidiariedad tu papel es de apoyo.*
- *Cuando participes en una entrevista, confía en que las personas tienen las aptitudes y la formación necesarias. Céntrate en evaluar si la persona encajará bien con los valores*

de tu organización, como la subsidiariedad, el bien común y la resiliencia.

El capitán del barco

La crisis del coronavirus hizo más evidente la importancia del papel del capitán. Cuando todo el mundo en la empresa empezó a trabajar desde sus casas, me quedé pensando si yo debería estar haciendo algo especial.

Cuando necesito feedback o siento la necesidad de explorar ideas, recurro a algunos miembros del equipo directivo que trabajan directamente conmigo. Llamamos a este grupo "peers", porque cuando nos reunimos, todos tenemos la misma libertad para dar nuestra opinión. Todos ellos saben que no trato de diluir mi propia responsabilidad y que busco aportaciones para alimentar mi propio proceso de decisión en mis áreas de responsabilidad. Tomaré mis propias decisiones después de recibir sus opiniones.

Este grupo me ayuda a explorar ideas y también permite a los demás intercambiar ideas y compartir sus retos. Saben que sus problemas no los resolverá nadie del grupo, pero poder compartirlos y recibir comentarios puede dar lugar a nuevas ideas, o al menos ayudarles a experimentar que no están solos.

Así que pregunté a este grupo qué creían que debía hacer. Respondieron con rotundidad: dado que atravesábamos tiempos turbulentos, todos en la empresa debían confiar en el capitán del barco.

Así pues, cada día enviaba un mensaje a todo el grupo, saludándoles o compartiendo un pensamiento. Además, retransmití en directo algunas presentaciones en vídeo para explicar la situación general y dar información actualizada sobre cómo nos iba. Expresé mi confianza en que los equipos estaban bien dirigidos, que conocían su misión y la adaptarían a las circunstancias cambiantes.

Capítulo Tres: El CEO en Subsidiariedad

Era importante que compartiera esta confianza, que les hiciera saber que íbamos en la buena dirección y que les animara haciéndoles saber que éramos conscientes de lo que hacían.

Desde entonces, he recibido comentarios tan positivos sobre las presentaciones de vídeo en toda la empresa que decidí mantenerlas. Muchas personas expresaron su gratitud por sentirse parte del equipo, sin importar en qué parte del mundo estuvieran.

Buenas prácticas: estar atento para comunicar bien a los empleados

Ian ofrece la imagen del capitán del barco que mantiene el timón en medio de la tormenta. Hay una necesidad especial de ayudar a mantener la esperanza y fomentar la unidad en tiempos difíciles. Como en su caso, las palabras tranquilizadoras y la información útil podrían ser especialmente bienvenidas y apreciadas en esos momentos.

Así que en tu organización

- *Crea un grupo en el que puedas intercambiar ideas sobre tus áreas de responsabilidad.*
- *A medida que surjan las ocasiones, transmite si es necesario algún tipo de comunicación especial dentro de la empresa (por ejemplo, para momentos difíciles como epidemias).*
- *Solicita feedback para poder hacer los ajustes oportunos.*

Conclusión

Se supone que el CEO transmite la visión de la empresa. En este capítulo he hecho hincapié en que nuestro papel no consiste tanto en "hacer" como en asegurarnos de que todos los demás cumplen sus misiones particulares. Dado que nuestro trabajo requiere la capacidad de asimilar realidades y reflexionar sobre ellas, necesitamos un cierto grado de paz interior junto con un entorno que no esté constantemente agitado por actividades ruidosas. Debemos evitar asumir tareas que nos quiten tiempo y nos alejen de nuestra misión.

He aquí una lista de responsabilidades que deberían estar a nuestro alcance:

- Decidir y aplicar las herramientas de gestión, como la subsidiariedad y el bien común.
- Impulsar tus estrategias clave, como la diversificación.
- Reúnete regularmente con los miembros de tu equipo de forma individual, dedicándoles el tiempo necesario para prestarles la ayuda que soliciten y plantearles retos.
- En general, reta a los empleados a ir más allá.
- Diseña el espacio de trabajo para que coincida con tus valores de transparencia y confianza.
- Mantén el pulso de la empresa y al mismo tiempo amplios horizontes.
- Estate atento a las oportunidades.
- Estate disponible para ayudar en la contratación, respetando al mismo tiempo la decisión de los jefes de equipo.
- En tiempos difíciles, ayuda a mantener unida a la empresa transmitiendo un mensaje optimista.

Capítulo Cuarto

Cerrar el círculo de la subsidiariedad

Cuando empecé a escribir este libro para dar a conocer a otros líderes de organizaciones la utilidad de practicar la subsidiariedad, no esperaba que tuviera un impacto significativo en mis propios empleados y empresa. Sin embargo, al explicar esta noción, descubrí que estaba en boca de todos, aunque algunos parecían no entenderla. Una directiva que dependía directamente de mí achacaba erróneamente a la subsidiariedad las dificultades que tenía con sus equipos. Algunos en la empresa se esforzaban por aplicar algo que ni siquiera era la subsidiariedad.

La prueba de fuego de la subsidiariedad

Para asegurar una alineación general entre los empleados sobre el concepto de subsidiariedad, diseñé la "prueba de fuego de la subsidiariedad", que consiste en 3 preguntas:

1. ¿Cómo entiende usted la subsidiariedad?
2. ¿Cuáles son las ventajas de la subsidiariedad para ti y tu trabajo?
3. ¿Cuáles son los retos de la subsidiariedad?

La prueba de fuego se llevó a cabo durante el periodo de revisión anual, en el que cada persona se toma una hora con su jefe para repasar sus éxitos, fracasos y esperanzas para el futuro, así como para reflexionar sobre su equilibrio entre trabajo y vida personal. Pensé que sería útil que todos me dijeran algo sobre la subsidiariedad, así que pedí a cada empleado que me enviara sus respuestas a las tres preguntas anteriores en un máximo de media página:

Mi conclusión: para algunos, el concepto necesitaba aclararse.

Planificar un curso de actualización sobre la subsidiariedad para toda la empresa

Un curso de actualización podía ser útil para los que llevaban muchos años con nosotros, mientras que para los que se habían incorporado recientemente era necesaria una explicación más estructurada. Escribir este libro me permitió ver más claramente lo que la subsidiariedad podría hacer si se entendiera correctamente.

La cuestión era cómo hacerlo. ¿Debo limitar mi acción a los directivos que dependen directamente de mí? ¿O debo dirigirme a todos los directivos que trabajan con equipos? ¿O dirigirme a toda la empresa?

Por supuesto, la decisión debía ajustarse a la propia herramienta de la subsidiariedad. Estaba en mis manos decidir por mi equipo, pero no podía decidir por el suyo. Pregunté a mi equipo y todos dijeron que sería mucho mejor para toda la empresa oír hablar de subsidiariedad directamente a la alta dirección.

Las restricciones de viaje debidas a la situación de Covid apuntaron hacia una videoconferencia común con todo el personal de nuestras empresas en toda Europa. La formación estaba programada para impartirse dos veces en los principales idiomas hablados en nuestro grupo: una en español y otra en francés. Los puntos esenciales debían presentarse de forma que no consumieran demasiado tiempo de los empleados. Al final, ofrecí cuatro sesiones de una hora repartidas en cuatro semanas, para que la gente tuviera tiempo de reflexionar y debatir el contenido de cada semana. Los contenidos impartidos se grabaron para que quienes no pudieran asistir pudieran compartir la experiencia posteriormente.

Dado que había descubierto que algunos no se daban cuenta de su incomprensión de la subsidiariedad, empecé la formación siendo plenamente consciente de que después podría haber efectos secundarios en la empresa. Algunos de los empleados estaban a punto de descubrir que tenían más poder y responsabilidad de lo que pensaban, dentro de su misión, y eso podía provocar fácilmente fricciones con otros que creían que tenían la autoridad. Profundizaré en esto más adelante.

A continuación se presenta el esquema de las cuatro sesiones. Obsérvese cómo la estructura corresponde a la prueba de fuego de la subsidiariedad. Los CEO que deseen introducir la subsidiariedad en sus empresas podrían adaptar este mismo contenido en sesiones introductorias para sus empleados.

Sesión 1: ¿Qué es la subsidiariedad?

Parte I: Explicación de los conceptos clave

Comencé esta primera sesión explicando que me correspondía a mí, como CEO, proporcionar una herramienta de gestión para organizar la empresa. Para romper el hielo, pedí a todos los participantes que escribieran electrónicamente sus palabras clave para un buen sistema de gestión. Se les ocurrieron palabras como: confianza, eficacia y eficiencia de la organización, ascendente, transparencia, energía compartida, juntos, multiplicar los potenciales, federación, aprendizaje, libertad...

A continuación ofrecí algunas definiciones importantes.

Subsidiariedad:

Para nosotros, la subsidiariedad es, ante todo, una herramienta de gestión elegida para organizar a un grupo de personas de modo que juntos podamos lograr algo que ninguna persona por sí sola podría hacer. Se trata de dar el poder a las personas más cercanas a la acción, para que tomen las decisiones y las apliquen.

La misión define el "Qué" y el "Por qué", pero nunca el "Cómo"[1].

Véanse las páginas 23-25 sobre la definición de la misión. Por ejemplo, la misión del director de producción es asegurarse de que hay suficiente producto en cantidad y calidad (ese es el QUÉ) para satisfacer la demanda en cualquier circunstancia (ese es el POR QUÉ).

La misión de una persona debe negociarse entre el empleado y su jefe. Tiene que haber un acuerdo para que alguien asuma una responsabilidad y reciba el poder para llevarla a cabo.

La persona que tiene la misión específica no es necesariamente la más competente, sino la que tiene la responsabilidad de llevarla a cabo. La misión tiene que ver con el ámbito de autonomía y libertad de una persona. Me explico: el jefe de un departamento puede ser el mejor experto en un área específica, pero en su misión su trabajo consiste en dirigir un equipo. Como jefe de equipo, acordará una misión con uno de los miembros de su equipo. Puede que ella sepa muy bien cuál es el camino óptimo, pero al encomendar la misión a otra persona, tendrá que dar un paso atrás y dejar que esta otra persona haga lo que pueda. Para el jefe de equipo es un verdadero reto ceder el poder y formar a la persona respetando su libertad y viendo los peligros. Por otra parte, el portador de la misión tiene una verdadera responsabilidad. Esto exige tener la sabiduría de pedir orientación al experto, al tiempo que se es valiente a la hora de tomar las decisiones.

Capítulo Cuarto: Cerrar el círculo de la subsidiariedad

La autonomía es la capacidad de elegir, dentro de la propia misión, el mejor "Cómo", en cada momento, para responder al "Por qué" de la misión dentro del "Qué".

Poder es la capacidad de administrar los recursos asignados según lo elegido, y tomar las medidas necesarias, sin autorización previa.

Responsabilidad es rendir cuentas de los éxitos y los fracasos. Disfrutar del éxito, aprender de los resultados inesperados y beneficiarse de las consecuencias o gestionarlas.

Transparencia es ser abierto sobre lo que se hace y cómo se hace, especialmente con el propio jefe.

Confianza es tener la certeza de que la autonomía y el poder son reales, incluso en tiempos difíciles.

Luego repasamos lo que no es la subsidiariedad:

- No es una democracia. El que tiene la misión es el que elige. No hay votaciones ni negociaciones.
- No es una delegación. A las personas se les dan misiones, no se les delegan tareas.
- No es el bien común. Más bien es una herramienta que trabaja mano a mano con el bien común sin dejar de ser algo distinto.
- No es trabajo en equipo.
- Se basa en la cualidad de cada persona que la hace única.

Parte II: La importancia de la misión

Una empresa debe ser capaz de crear un organigrama completo que incluya la misión de cada uno y deje claro cómo cumple la empresa su misión global.

Tras haber profundizado en la naturaleza y la definición de la subsidiariedad, todos se reunieron en pequeños grupos durante diez minutos para hablar de su propia misión. Se les pidió que rellenaran una hoja de cálculo compartida que incluía una columna para el "Qué" de su misión, otra para el "Por qué" de su misión y una columna en la que indicarían si contaban con el consentimiento explícito de su jefe acerca de su misión.

Durante este ejercicio, entré y salí de las salas de reunión, animando y presenciando las interacciones entre colegas. El hecho de que las columnas "Qué" y "Por qué" estuvieran separadas orientó a los participantes a formular las preguntas adecuadas. Con demasiada frecuencia el "Qué" está claro, pero el "Por qué" se olvida.

Esta sesión concluyó con una "tarea para casa": se pidió a cada uno que repasara su misión específica con su jefe. Tener una misión concisa, en una o dos frases, es más difícil de lo que parece.

Durante los días siguientes, los participantes rellenaron la hoja de cálculo compartida después de hablar con sus jefes.

Sesión 2: ¿Qué esperar cuando se trabaja en grupo aplicando la subsidiariedad?

Empecé dando mi opinión sobre la sesión anterior, afirmando que muchos equipos habían dedicado bastante tiempo a explorar sus misiones y actualizarlas.

Capítulo Cuarto: Cerrar el círculo de la subsidiariedad

Conceptos clave

Cada persona de la empresa tiene una diversidad de talentos única, una combinación única de personalidad, experiencia y formación. El objetivo de la empresa es encontrar la misión más adecuada para cada persona. Al mismo tiempo, la misión captará cómo pueden expresar mejor sus talentos y personalidad únicos, y satisfacer mejor las necesidades de la empresa.

Es necesario que los empleados sean conscientes de sus propios dones, talentos y conocimientos. Por tanto, en colaboración con sus jefes, tienen que evaluar sus puntos fuertes y débiles.

Las misiones se adaptarán a la personalidad de cada empleado. Por ejemplo, algunos son creativos pero tienen dificultades para ser perseverantes, mientras que otros luchan con la página en blanco pero son estupendos para llevar las cosas adelante. Otros tienen mucho valor para ir contracorriente, mientras que a otros se les da muy bien seguir las tendencias y pasar desapercibidos. Algunos tendrán un don estratégico para prever las consecuencias a largo plazo, mientras que otros necesitarán misiones con implicaciones a corto plazo y un feedback rápido.

Cada persona tiene el poder **de definir el "cómo"** de su misión, fijar sus propios objetivos y discernir periódicamente si sus acciones están en consonancia con su misión.

Para conseguir su "cómo", cada persona tiene el control de **su tiempo, su formación y sus recursos: su poder**. Deben elegir cómo organizarse, centrándose en sus prioridades y en lo que tendrá mayor impacto. Después, repartirán sus recursos en consecuencia. Nuestra empresa dispone de una herramienta presupuestaria interna que permite a los empleados controlar sus presupuestos específicos asignando (y reasignando) recursos a actividades a lo largo de todo el año.

Por último, los empleados deben tener presente que pueden contar con el apoyo de sus jefes para llevar a cabo su misión. Su manager está ahí para asegurarse de que cada persona está en las condiciones adecuadas para llevar a cabo su misión. Cada persona debe pedir consejo y orientación, buscar a su jefe como caja de resonancia y, a veces, incluso como alguien que se encargue de una tarea específica que va más allá de las propias capacidades prácticas o relacionales de la persona.

Los empleados también tienen que **entender su responsabilidad**. Tienen **que gestionar sus riesgos y reconocer** qué tipo de errores son aceptables. ¿Merecen la pena? ¿Podrían evitarse? ¿Qué pasa si hay un error? En mi empresa, por ejemplo, los riesgos que pueden afectar a la calidad de los medicamentos son inaceptables, por lo que hay que hacer todo lo posible para evitar cualquier error en ese ámbito. Vemos la necesidad de tener departamentos de control de calidad y departamentos de garantía de calidad para nuestra producción y son un requisito en nuestra industria. En otras áreas, hay más margen para el error si es el resultado de probar nuevas formas de avanzar. Normalmente, cuando el poder está muy repartido gracias a la subsidiariedad, los errores individuales tienen un impacto limitado en el conjunto de la empresa, lo que ayuda a que la gente esté más dispuesta a asumir riesgos específicos calculados que son importantes para el crecimiento y la adaptabilidad de una empresa.

La responsabilidad individual también incluye prever la resistencia en el ámbito de la propia misión. ¿Qué se puede poner en marcha para prever la posibilidad de que mañana no pueda ir a trabajar? ¿Qué depende del tiempo? ¿Qué puede esperar? ¿Quién necesita saber con detalle lo que estoy haciendo? Todo el mundo debería plantearse y responder a estas preguntas para sus misiones particulares.

Responsabilidad significa estar **abierto a los comentarios** de tu jefe, estar abierto a las sugerencias y aceptar la ayuda de los demás.

Por último, cada persona debe **conocer a sus compañeros de equipo**, como personas con puntos fuertes y débiles, pero también como portadores de misiones. Deben saber cómo encajan las distintas misiones, cómo interactúan y se apoyan unas en otras. Es fundamental confiar en los demás miembros del equipo, confiar en que cada uno se ocupará de su propia misión.

En realidad, nuestras misiones están interrelacionadas como un reloj, así que este último punto sobre cómo encajan las distintas misiones requiere una atención especial. Algunos miembros tienen misiones complementarias, que dependen en gran medida de otras. Para que las cosas funcionen bien, estas personas deben reconocer los límites entre su propia misión y la de los demás. Se les pidió, por tanto, que se reunieran en pequeñas salas virtuales para compartir su comprensión de dónde estaban los límites entre la misión de cada uno. El ejercicio consistió en hablar de los límites y luego delinearlos en una página compartida en línea. Este complejo esfuerzo nos permitió observar la realidad de los límites y experimentar lo mucho que nos necesitamos unos a otros.

Al final de esta sesión, parecía como si cada persona fuera el centro de la empresa. Por ello, les aconsejé que esperaran a la semana siguiente, cuando comprenderían el papel de su jefe y la jerarquía.

Sesión 3: El directivo

Parte I: Un ejercicio de post-it virtual

Empezamos la tercera sesión con cada persona utilizando post-its virtuales para compartir lo que deseaban de su manager.

En general, este ejercicio marcó un tono esperanzador porque la gente expresó grandes expectativas: el directivo tiene que ser comprensivo, interesado, claro, humilde, empático y mucho más.

El primer punto que se trató fue la importancia de la jerarquía. Quién hace qué y quién tiene la responsabilidad de un equipo debe ser evidente. Esto es fundamental porque una organización con un modelo de subsidiariedad no es una democracia, sino un puzzle muy claro y preciso, donde cada misión se lleva a cabo porque es necesaria y suficiente.

Parte II: Lo que el directivo debe hacer y ser.

Por supuesto, los directivos deben conocer su propia misión. Cada directivo debe conocer bien a los miembros de su equipo para saber cómo organizarlos mejor. Es el manager quien debe negociar una misión particular con cada miembro del equipo, asegurándose de que todas las misiones juntas son suficientes y necesarias para cubrir su misión particular. A medida que pasa el tiempo, el manager debe asegurarse de que las misiones se entienden y se llevan a cabo y, además, de que las diferentes misiones encajan bien entre sí. También debe ser capaz de dar la información necesaria a cada miembro del equipo y actualizar las misiones cuando sea necesario.

Quién debe ser el directivo

Debe tener la visión de su propio equipo; estar disponible; apreciar la singularidad de cada persona; no criticar nunca a su equipo, ni siquiera en privado; desconfiar de los rumores, y tener una gran capacidad de persuasión. El directivo no impone, pero sabe explicar y convencer.

Un directivo no necesita ser el experto del equipo. De hecho, ser el experto puede ser un impedimento, dado que los directivos a menudo tendrán que sacrificar su tiempo para permitir que los miembros del equipo lleven a cabo sus propias misiones.

Los buenos gestores desafiarán a los miembros de su equipo a ser suficientemente ambiciosos en sus proyectos. Además, el manager organiza reuniones individuales periódicas, a menudo mensuales, para estar al tanto de los retos y crear un entorno en el que se puedan explorar los proyectos.

También hemos considerado la idea del manager del manager, cuya misión consiste en ayudar a los managers en sus retos de gestión. Esta persona nunca intervendrá directamente con el equipo y debe tener mucho cuidado de no socavar la autoridad y el papel del manager, pero debe tener una política de puertas abiertas para los miembros del equipo que necesiten hablar confidencialmente sobre su manager. Esto es importante para evitar silos de poder (y dolor).

Cabe destacar el gran interés suscitado por la responsabilidad del directivo. Esta observación fue un buen punto de partida para el tema de la cuarta y última semana.

Sesión 4: La cultura de empresa para que prospere la subsidiariedad

Parte I: El bien común para ponerlo todo junto

En la última sesión pusimos todo en común. Uno de los riesgos de una organización como la nuestra es que cada persona, o cada equipo, puede caer en la tentación de cumplir su misión sin tener en cuenta su efecto sobre los demás. Era el momento de hablar del bien común y de cómo cada persona, al actuar, tenía que equilibrar su bien con el bien del grupo para maximizar ambos. Hay que ser consciente de los demás y estar dispuesto a ayudar, siempre que no se ponga en peligro la propia misión.

Parte II: ¿Trabajo en grupo?

Proporcioné un cuestionario basado en las tres sesiones anteriores para saber si los empleados pensaban que habían aprendido algo útil.

Las preguntas eran las siguientes

- ¿Qué opinas de tu nivel de comprensión de la subsidiariedad antes de estas sesiones?
- ¿Cómo crees que entiendes ahora la subsidiariedad?
- En qué medida crees que:

    - ¿Puedes aplicar hoy la subsidiariedad a tu trabajo?
    - ¿Tienes una misión clara?
    - ¿Tienes la confianza de tu líder?
    - ¿Tienes la confianza de los miembros de tu equipo?
    - ¿Tienes la confianza de otros departamentos?

- ¿Crees que tienes suficiente autonomía?
- ¿Crees que tienes demasiadas responsabilidades?
- ¿Sientes que tienes libertad para organizar tu tiempo?
- ¿Sientes que tienes un presupuesto claro?
- ¿Sientes que tienes libertad para gestionar tu presupuesto?
- ¿Confías en que puedes probar nuevas ideas?
- ¿Sientes que eres transparente con tu jerarquía?
- ¿Sientes que sabes lo suficiente sobre lo que hace el resto de tu equipo?
- Sientes que:

- ¿Tienes suficiente información para llevar a cabo tu misión?
- ¿Confirmas tu misión con tu jefe?
- ¿Volverías a hablar de subsidiariedad con tus colegas?
- ¿Hablarías con tu jefe sobre cómo aplicar la subsidiariedad en tu trabajo?

- ¿Qué sacaste en claro de estas sesiones?

Repasé las preguntas una a una con ellos, dejando tiempo para que escribieran sus respuestas. A continuación, compartí con todos la pantalla en la que aparecía la amalgama de todas sus respuestas, para que pudiéramos descubrir juntos cómo habían ido las sesiones de formación.

El resultado, el ajuste y los frutos

Durante las semanas siguientes, observé cambios. Algunas personas prestaron atención a la responsabilidad que realmente tenían, mientras que otras se concentraron en su poder. Se tomaron muchas iniciativas nuevas, se aclararon las misiones y arraigó una nueva dinámica en todo el grupo.

He aquí un ejemplo de lo que surgió a raíz de las sesiones de formación sobre la subsidiariedad. Una jefa de departamento, Julia, necesitaba contratar a una nueva persona para su equipo. Comprendió que estaba totalmente en su mano. Su jefe se ofreció a ayudarla, pero ella se negó. Un par de semanas más tarde, dijo que había encontrado al candidato ideal. Su jefe tenía dudas y me preguntó qué hacer. Le dijimos que podía elegir a quien quisiera, pero que podría ser interesante para ella ver al candidato desde una perspectiva más distante, con uno de nosotros realizando la entrevista. Aceptó, sabiendo que sería libre de elegir ella misma. Así que, al día siguiente, realicé la entrevista explorando la personalidad del candidato elegido. A medida que se desarrollaba la entrevista, se hizo evidente que esta persona, que tenía una formación académica muy sólida, nunca había trabajado en una empresa, no sabía trabajar en equipo y tendría muchas dificultades para adaptarse a nuestra empresa. Repasé la entrevista mientras Julia escuchaba atentamente.

Estaba realmente conmocionada después de la reunión porque había observado aspectos preocupantes de la persona de los que no se había dado cuenta antes. Le dije que estaría disponible si deseaba que realizara una entrevista para el segundo candidato que había rechazado. Se lo pensó y al día siguiente organizó la entrevista. De antemano, le pregunté a Julia sobre sus dudas con respecto a ese candidato. Julia temía que esta persona no tuviera suficiente dedicación, ya que había abandonado su trabajo anterior por un proyecto personal. Durante la entrevista, exploré la motivación y el empuje del candidato. Julia volvió a escuchar atentamente y salió de la entrevista con una opinión totalmente distinta. Al día siguiente, anunció que había cambiado de opinión y que contrataría al segundo candidato. Asumió la decisión, al tiempo que aceptaba que se había equivocado y nos agradecía nuestra ayuda. Ahora, unos meses después, ese empleado recién contratado está aportando un gran valor a la empresa.

Otro efecto de esta formación fue el estrés en la empresa. Resultó que una de las gerentes no estaba totalmente convencida de la necesidad de que los miembros de su equipo tuvieran toda la responsabilidad de sus misiones individuales. Al mismo tiempo, esos mismos miembros del equipo se dieron cuenta de que podían hacer más. Esto llevó a algunos de los miembros del equipo a abandonar la empresa y, en última instancia, a la propia directora a presentar su dimisión. Con gran experiencia en su área, se dio cuenta de que podría expresar mejor su estilo de gestión en otro lugar... Fue doloroso, ya que la respetaba mucho, pero también había sido testigo de las dificultades causadas por la falta de alineación con la subsidiariedad.

Mi error fue creer que no había ningún fallo importante en mi propio equipo, no quise ver que había un problema, y como resultado, una rama de mi organización estaba sufriendo. Cuando por fin vi lo que otros habían visto antes que yo, pero ante lo que yo estaba ciego, tomé las medidas necesarias para reorganizar. Era mi responsabilidad. Me di cuenta de que tenía que estar alerta y me beneficié de esta exploración de la subsidiariedad.

El momento crucial de las sesiones de formación llegó cuando tuve que reorganizar profundamente toda la organización. Con el tiempo, había asumido la responsabilidad directa de demasiadas personas. Necesitaba dedicar tiempo a cada una de ellas y comprender los retos específicos de cada persona. Cada vez estaba menos disponible. Así pues, reformé el organigrama, lo que provocó que bastantes personas cambiaran de jefe. Existía el riesgo de que los que trabajaban directamente conmigo, el CEO, percibieran la reorganización como una pérdida de poder y prestigio. Sin embargo, gracias a la renovada comprensión de la subsidiariedad, el cambio de director se entendió como una oportunidad para recibir la ayuda y las ideas adecuadas de un nuevo director. Se mantuvo la confianza en que cada uno conservaría su autonomía, su poder y su responsabilidad, aunque se modificaran sus misiones.

En general, esta formación puso a todos en igualdad de condiciones. Por un lado, los directivos sabían lo que se esperaba de ellos, lo que podían hacer y lo que debían esperar. Por otro lado, todos conocían el equilibrio de poder y responsabilidad que perseguíamos y la importancia de su misión específica.

Conclusión

Aunque aún te encuentres en la fase de discernimiento o de aplicación de la subsidiariedad, ten presente este capítulo. Sesiones de formación como las aquí descritas podrían adaptarse a la fase en la que te encuentres. Tanto si estás iniciando algo nuevo como consolidando lo que ya has empezado, recuerda que debes implicar activamente a tus empleados en el proceso.

Buenas prácticas: "cerrar el círculo" evaluando y refrescando la comprensión de la subsidiariedad de tus empleados

No basta con hablar de los valores clave de nuestra organización. Es necesario hacer un seguimiento evaluando lo que han entendido y asimilado los empleados. Es una cuestión de educación que requiere aclarar los conceptos clave, dar a los empleados la oportunidad de discutir lo que están aprendiendo y volver a hacer un seguimiento más adelante. La repetición forma parte del aprendizaje.

Así que en tu organización, cuando impartas formación sobre la subsidiariedad:

- *Asegúrate de que respeta la subsidiariedad en la forma en que lo hace.*
- *Aclara conceptos clave como la misión (incluye el POR QUÉ y el QUÉ, no el CÓMO).*
- *Detalla las funciones de los jefes y de los miembros del equipo: cada uno tiene su área de autonomía y poder*
- *Destaca valores como la prudencia, la decisión, el coraje y la empatía*
- *Estate atento a los ajustes y retos derivados de la formación*

Conclusión final

Conclusión de Joan: Educar en la subsidiariedad

Ian sabe emplear una sana pedagogía en su enfoque de la aplicación y el refuerzo de las herramientas fundamentales de gestión de la subsidiariedad y el bien común de su empresa. En otras palabras, sabe caminar con sus empleados, mostrándoles el camino, para que hagan uso libre y activo de estas herramientas.

Consideremos la receta del éxito de Ian en términos pedagógicos, para centrarnos en algunas actitudes y acciones que han sido fundamentales para su tipo de liderazgo.

Para empezar, ya estaba ocupado durante ese periodo de seis meses antes de tomar el timón como CEO. Empezó por observar, preguntar y escuchar. Ian quería entender de primera mano la dinámica de toma de decisiones en la empresa. Si utilizáramos rotuladores fluorescentes, estas palabras serían fluorescentes: invita primero a hacer aportaciones. Reflexiona sobre las aportaciones que recibas y tenlas en cuenta a la hora de dar forma a tus propios puntos de vista y planes.

Los siguientes pasos de Ian fueron ponerse en contacto con dos personas: un experto, que podía corroborar su intuición sobre la subsidiariedad como camino a seguir; y su Directora Financiera, que colaboró estrechamente con él (y sigue haciéndolo). Aquí, Ian demostró de primera mano cómo la subsidiariedad no significa trabajar solo. Como todos los demás miembros de la empresa, el CEO tiene que asumir la responsabilidad de sus decisiones, pero para ello se apoya en el trabajo en equipo, de modo que pueda estar bien informado y asesorado sobre los pasos que da. Educamos mejor mostrando cómo.

Otra medida pedagógica adoptada desde el principio fue la elaboración de un organigrama para todos los empleados. La educación incluye, pero no se limita, a proporcionar información significativa. En este caso, transmitir expectativas claras es una señal de respeto hacia los demás, ya que establece límites dentro de los cuales son libres de actuar.

Una vez que asumió plenamente su cargo de CEO, Ian, junto con Petra, acompañó a los empleados mientras se adaptaban a la nueva forma de operar. Aquí entra otro elemento del saber enseñar: no tener miedo a repetir conceptos básicos. Me imagino que Ian tuvo que repetir varias veces que no firmaría ninguna orden de compra. Da la impresión de que la gente tardó un poco en darse cuenta de que realmente tenían poder para tomar decisiones sobre las compras. Mientras tanto, ejerció su buen sentido del humor, tuvo paciencia y siguió animando.

También aprendemos relacionando lo que ya sabemos con nuevos conceptos. De ahí el valor de la insistencia de Ian en que la gente trate sus presupuestos en el trabajo como trata los de su casa; o su imagen del árbol para ilustrar cómo el CEO va en la base para sostener todas las ramas.

Otra medida pedagógica adoptada por Ian es prever el coste potencial de los errores cometidos por los empleados a los que motiva y reta constantemente a probar nuevos enfoques. Ya nos contó que asumir riesgos calculados está vinculado al crecimiento y la expansión. Además, aprendemos especialmente bien a través de los errores que cometemos. Dado que la responsabilidad y el poder están repartidos entre tantos empleados, el sistema de subsidiariedad puede soportar un cierto número de errores individuales. Por tanto, los empleados de Ian saben que él no se va a enfadar si meten la pata. Todo esto infunde confianza, y la mayoría de la gente necesita sentirse segura para poder asumir riesgos calculados.

Ian nos describe detalladamente a qué dedica y a qué no dedica su tiempo. No asume muchas responsabilidades porque desea invertir una parte importante de su tiempo en reuniones individuales y simplemente estar disponible para sus empleados en general. Menos mal, porque se limita a ser coherente con el sistema que ha establecido. La subsidiariedad exige que se respete la libertad de cada empleado. Al desempeñar un "papel de apoyo" (como lo entiende Ian), es consciente de que su mayor influencia se consigue informando, retando y convenciendo personalmente a sus subordinados directos. Como confía en que sus empleados sean estratégicos y audaces en sus iniciativas, está en una buena posición para animarles.

Evaluación y revisión

La gente aprende por etapas, por lo que no todo se asimila necesariamente a la primera, aunque seamos claros en lo que decimos y repitamos los conceptos básicos. Nuestros filtros personales pueden hacer que entendamos algo muy distinto de lo que pretendía quien nos transmitió la idea en primer lugar. También olvidamos rápidamente la mayor parte de lo que aprendemos, a menos que lo practiquemos y repasemos. Por lo tanto, un elemento esencial de la enseñanza es evaluar lo que se intenta transmitir y luego revisar los puntos débiles.

La "Prueba de fuego de la subsidiariedad" de Ian era una forma de evaluar hasta qué punto sus empleados practicaban la subsidiariedad y, a continuación, ofrecía sesiones de formación de seguimiento. Consigue que sus empleados participen activamente, invitándoles a reflexionar sobre una pregunta y a compartir su respuesta. Cuando las personas son protagonistas de su propio aprendizaje, asimilan más. Al mismo tiempo, Ian recibe información interesante sobre lo que entienden sus empleados y cuáles son sus retos.

La gente quiere sentirse orgullosa de lo que hace. Quieren contribuir con su ingenio a mejorar algo que merezca la pena. La empresa de Ian demuestra que es posible que el crecimiento y el éxito personales formen parte de un bien mayor que incluye el bien de la empresa y el bien de los clientes. Sus herramientas de gestión de la subsidiariedad y el bien común son compatibles con otros tipos de empresas porque encajan con nuestra constitución humana. Espero que muchos CEO y líderes de todo tipo de organizaciones las prueben.

Conclusión de Ian: merece la pena

Al llegar al final de este libro puede que te preguntes si esta gestión es para ti y tu organización. Para mí es un proceso continuo. Hace unas semanas, junto con mi equipo directivo más cercano, volvimos a reunirnos con Jack, el consultor que nos ayudó a estructurar nuestras ideas en torno a la subsidiariedad. Esta vez exploramos el valor de las virtudes como herramientas de gestión. ¿Cómo pueden explorarse y utilizarse la prudencia, la templanza, la fortaleza y la justicia? Nos centramos en la sabiduría práctica, la perseverancia, la magnificencia, la prudencia, la humildad y la justicia. Jugamos con la idea de que las virtudes son el contexto para que cada persona tenga principios rectores en su "Cómo" al llevar a cabo sus misiones. Un comentario que nos hizo Jack y que se me quedó grabado es que espera que estemos aquí mucho tiempo. Muchas empresas fracasan en tiempos de incertidumbre, pero en nuestra organización la resistencia está en nuestro ADN. Tenemos la creatividad, la cultura y el entorno que nos permiten remodelarnos y reinventarnos de forma regular y orgánica. Todas las personas de la empresa ajustan constantemente sus procesos para adaptarse y ofrecer resultados.

Nuestra organización en subsidiariedad ha sido una gran oportunidad para ver florecer y dar fruto las habilidades de muchas personas. No he dejado de sorprenderme e impresionarme por la creatividad y el coraje de la gente de toda la empresa.

Sólo puedo animarlos a que se arriesguen a intentar trabajar con la subsidiariedad, ya sea en sus familias, sus asociaciones, sus empresas y cualquier organización, donde intenten inspirar a otros para que participen en una misión que merezca la pena. Espero que este libro pueda ayudarlos.

www.ingramcontent.com/pod-product-compliance
Lightning Source LLC
LaVergne TN
LVHW020934090426
835512LV00020B/3348